MANOEL DE BARROS E A POESIA CÍNICA

O Círculo dos três movimentos com vista ao Homem-Árvore

CB130877

MANOEL DE BARROS E A POESIA CÍNICA

O Círculo dos três movimentos com vista ao Homem-Árvore

Patrícia Lino

Relicário

© Relicário Edições
© Patrícia Lino

DADOS INTERNACIONAIS DE CATALOGAÇÃO NA PUBLICAÇÃO (CIP) DE ACORDO COM ISBD

L758m

Lino, Patrícia

Manoel de Barros e a poesia cínica: o círculo dos três movimentos com vista ao Homem-Árvore / Patrícia Lino. - Belo Horizonte, MG : Relicário, 2019.

144 p. : il. ; 14cm x 21cm.
Inclui bibliografia e índice.
ISBN: 978-85-66786-93-4

2019-239 CDD 869.1
CDU 821.134.3(81)-1

Elaborado por Vagner Rodolfo da Silva - CRB-8/9410

CONSELHO EDITORIAL
Eduardo Horta Nassif Veras (UFTM), Ernani Chaves (UFPA), Guilherme Paoliello (UFOP), Gustavo Silveira Ribeiro (UFMG), Luiz Rohden (UNISINOS), Marco Aurélio Werle (USP), Markus Schäffauer (Universität Hamburg), Patrícia Lavelle (PUC-RIO), Pedro Süssekind (UFF), Ricardo Barbosa (UERJ), Romero Freitas (UFOP), Virginia Figueiredo (UFMG)

COORDENAÇÃO EDITORIAL Maíra Nassif Passos
PROJETO GRÁFICO & DIAGRAMAÇÃO Caroline Gischewski
IMAGEM DA CAPA Colleen Conroy
REVISÃO Lucas Morais

RELICÁRIO EDIÇÕES
Rua Machado, 155, casa 1, Colégio Batista | Belo Horizonte, MG, 31110-080
relicarioedicoes.com | contato@relicarioedicoes.com

Lá anda a minha Dor às cambalhotas
Mário de Sá-Carneiro

Tudo se resolvia com cambalhotas
Manoel de Barros

DESCONVERSA PRELIMINAR

Joana Matos Frias & Pedro Eiras

À segunda vez que se nasce, assiste-se ao próprio nascimento
Almada Negreiros, *Nome de Guerra*

– Queres começar?

– Ah, os gravadores, as máquinas...

– As máquinas condicionam-nos...

– Não há coisa pior para travar o discurso...

– O que é que nós queremos dizer? Que é absolutamente espectacular o livro da Patrícia. Basicamente é isso, não é?

– É. Pronto, já chega, podemos desligar... (risos) E é espectacular porquê? É espectacular porque é autobiográfico, porque é muito a Patrícia.

– Isso é muito coerente com o que é o projecto autoral Patrícia Lino, nas suas diversas manifestações. Porque tudo o que ela tem feito é sempre autobiográfico, muito sólido, tudo se intersecta com tudo, às vezes sob uma capa de coisas diversificadas na sua aparência.

– Faz parte de um todo, não é um objecto absolutamente fechado, porque vem de toda a experiência da autora, de todas as leituras e pesquisas anteriores, e depois continua a cair e a enraizar e a crescer outra vez, à imagem daquele percurso quase iniciático do Bernardo da Mata...

– O homem-árvore...

– Isso fascina-me muito no livro, o facto de ele construir uma narrativa nada óbvia, que não estava pré-definida, que não estava forçosamente ao dispor de todos os leitores; a Patrícia descreve a poesia a partir de um percurso de amadurecimento, com uma enorme ousadia.

O que está longe de ser óbvio para a leitura de um objecto lírico, que nós costumamos pensar isolado do tempo…

– E a que ela dá uma historicidade, sobretudo dá uma historicidade que é imprevisível, e que, do ponto de vista biográfico, como nós sabemos, lhe permitiu conciliar uma formação clássica com aquilo que depois é a sua paixão talvez mais recente, mais de juventude, pela literatura brasileira, em particular por uma certa poesia brasileira, e isso é bastante surpreendente na aproximação a um objecto como a obra de Manoel de Barros, que tem sido submetida a muitos lugares-comuns em termos de análise crítica.

– A Patrícia faz tudo isso sem violência nenhuma, o que é espantoso. Porque de repente temos Diógenes a dialogar com Manoel de Barros – e vice-versa… Convocar uma figura arquetípica do pensamento, da cultura, entre gregos e romanos, para ler um poeta contemporâneo, já tem sido feito. Agora, conseguir que eles estejam em perfeita sintonia, e que esses 2500 anos de distância desapareçam, porque os autores se tornam contemporâneos um do outro, é espantoso.

– Sobretudo porque não é aquele tipo de comparatismo fácil que acaba por submeter a leitura de uma obra contemporânea a uma perspectiva historicista (aliás, a Patrícia cita esse famoso verso do Carlos Drummond de Andrade em que ele confessa estar "atrasadíssimo nos gregos"). Mas o que ela faz é uma coisa muito mais natural, que é fazer parecer incontornável que uma certa inclinação na obra do Manoel de Barros seja lida à luz desse kinismo – para utilizar o termo que a Patrícia resgata –, à luz desse kinismo de raízes tão ancestrais na nossa cultura ocidental. E isso de repente é como se fosse absolutamente natural, não tem nada de forçado, não tem nada de historicista, não tem nada de desfasado no tempo, não há *décalage*, é como se aquela leitura fosse quase obrigatória (apesar de tão inovadora e tão surpreendente).

– Curioso: até o nosso vocabulário de repente fica colado a essa ideia de raiz, árvore, natureza, etc., todo um campo temático, lexical, conceptual que é trabalhado ali. Não é um acaso nós próprios acabarmos por sentir que pertencemos a essa espécie de árvore – vamos ficar com a metáfora –, essa árvore que vem de gregos antigos, que vem de

Homero, em primeiro lugar, e depois também nos inclui a nós. Mas a árvore é toda ela sincrónica, as raízes têm a mesma idade que as folhas.

– O Vico tem a mesma idade do Diógenes, que tem a mesma idade do Freud, que aparece por outras razões... Há de facto esta espécie de sincronização de todas essas referências, que leva a que elas tenham a aparência de serem os ramos de uma árvore esplendorosa...

– À sombra da qual nós...

– ...nós podemos descansar...

– ...e enraizar novamente...

– Tudo isso provoca uma leitura interessante do ponto de vista do que é a poesia brasileira do século XX. Porque um dos lugares-comuns que mais tem sido lançado a propósito da obra do Manoel de Barros é que ela seria uma obra singular, à parte, que, embora se tenha desenvolvido a partir da década de 30 do século XX, estaria distanciada daqueles projectos modernistas ou dos projectos regionalistas dos anos 30, que teria tido uma espécie de processo único, singular, individual. E a Patrícia consegue fazer uma coisa espantosa: por um lado reforçar essa singularidade – este é um ensaio que mostra de forma evidente a singularidade do projecto literário do Manoel de Barros – mas ao mesmo tempo não se escusar a estabelecer relações muito cirúrgicas, em momentos muito precisos e plenos de sentido, com determinados autores da literatura brasileira do século XX, mas em obras tão diferentes como a de Guimarães Rosa, a de Clarice Lispector, a de Manuel Bandeira, a de Drummond, a de João Cabral, etc. E vai tecendo esta ramagem com muita finura, demostrando como, mesmo dentro da raridade do (não-)lugar que Manoel de Barros ocupa, é possível nós detectarmos certos traços que podem ir colocando a sua obra em diálogo com a de outros escritores da literatura brasileira.

– E faz tudo isso como quem estivesse a brincar, porque essas relações entre autores (que são gigantes, claro está) podia ser extremamente pesada, e o próprio ensaio podia reflectir uma história pesada, solene, monumental da literatura, em que cada autor esmagasse o anterior... Nada, nada disso: é uma espécie de brincadeira florescente, muito divertida, muito provocadora, às vezes politicamente desafiante, muito graças ao humor rebelde de Manoel de Barros... E resulta tudo muito bem porque é muito coerente com todo um projecto que não é só estético, é ético também, tem a ver com uma maneira de estar no mundo – uma maneira do Manoel de Barros e das suas personagens e também da própria Patrícia. Enfim, a Patrícia não escreveu um poema (embora seja também uma excelente poetisa), escreveu um estudo sobre poemas; mas ao mesmo tempo há algo muito parecido na maneira como tanto a Patrícia quanto Manoel de Barros estão a utilizar a linguagem ou o pensamento ou o reenvio para outras vozes.

– Ela própria parece que pratica – para utilizar a categoria retórica – o "estilo humilde" que depois vai encontrar num certo tipo de enunciação poética do Manoel de Barros, em que de alguma forma a desimportância das coisas a que ele dá importância corresponde à desimportância da fala, a uma espécie de auto-deflacção da figura autoral, do seu discurso... E isso é de uma coerência e de uma coesão do trabalho absolutamente espantosas.

– Quer dizer que este livro também é um desobjecto.

– É um desobjecto, exactamente.

– Não é um tratado monumental das verdades últimas das coisas, mas tem o seu quê de brincadeira e de metamorfose e de infância reencontrada...

– Até nos desenhos da própria Patrícia. Porque – é mais um dos aspectos deste projecto, desta coerência – a Patrícia nunca prescinde de aliar a sua paixão plástica e gráfica àquilo que é também o discurso ensaístico sobre a literatura, e essa parte deste livro é muito digna de nota – como é que ela vai dando uma visibilidade gráfica permanentemente àquilo que está a tentar apresentar, a tal ponto que toda a estruturação argumentativa do livro está graficamente representada.

– É como se ela estivesse a pensar por desenho, digamos assim. O próprio pensamento se faz gráfico e exige aquele percurso circular... que é muito enigmático, porque estamos habituados (de maneira estereotipada) a pensar no sentido dos ponteiros do relógio, e ali é ao contrário, tudo se move no sentido inverso. O que bate certo...

– Há um movimento contrário àquele de que estamos à espera...

– Pensar ao contrário, pensar o contrário pelo desenho, pensar por desenho ao contrário…

– Tanto bate certo que, do ponto de vista de uma cronologia biológica, ela começa pela morte e não pelo nascimento. O primeiro momento é a morte e a queda, "o poema ensina a cair", na citação da Luiza Neto Jorge; o primeiro momento é a queda, a morte, em direcção à terra, e só depois encontramos a figura da criança, da infância, do idiota, etc., como uma espécie de renascimento. E depois com essa síntese final do homem-árvore que é simultaneamente, qual Anteu, o que está ligado à terra e o que se ergue para o céu também.

– E todo um pensamento que acredita num segundo nascimento de repente transforma a morte em algo muito fora do expectável: quando se pode nascer uma segunda vez, através da metamorfose, a morte já não é a morte e o nascimento também já não é o nascimento. Agora, o que acho curioso é que não há qualquer leitura mística deste segundo nascimento, não é por aí de todo. O segundo nascimento faz-se através da linguagem, ou seja, por escrito.

– Isso acho que é uma das grandes originalidades do argumento da Patrícia, o facto de ter conseguido resgatar um dos lugares-comuns da crítica do Manoel de Barros, que tem passado por uma permanente análise microscópica aos neologismos, às invenções, à criatividade verbal, etc. Resgata isso de um escrutínio puramente linguístico, inscrevendo esse gesto numa coisa mais ampla, nomeadamente nessa perspectiva da ligação à morte. E essa articulação é uma coisa absolutamente inusitada no que é costume dizer-se a propósito do Manoel de Barros.

– Uma ligação à morte que é uma ligação à vida, à vida através da morte, através da experiência bem-querida de todos esses momentos de queda, e assunção da terra e assunção da horizontalidade. Também é isso, é preciso dizer "sim". Não é óbvio para a nossa cultura, que tem muito pavor deste género de experiência. E também é preciso dizer "sim" ao riso. Este livro defende o riso, através da metamorfose, da criança, dessa infância recuperada… É um livro que acredita no riso dos kínicos (e convém manter esta palavra bem acerada), um livro que obriga a rir, que pede o riso. Um objecto destes, que começou por inserir-se num contexto académico, é um objecto que deveria temer o riso: não se ri numa tese, não se ri numa dissertação, é proibido, é um pecado, diz Baudelaire… Pelo contrário: o livro da Patrícia está a ensinar a rir, a conduzir ao riso via poesia, está a dizer que a poesia pode ser uma lição de aprendizagem do riso. Temos muito a aprender a este nível.

– Sim, sobretudo num contexto português. Porque de facto, quando nós olhamos para uma das maiores diferenças entre uma certa cultura literária brasileira e a literatura portuguesa do século XX, essa diferença está desde logo no facto de o modernismo brasileiro ter propiciado o nascimento de uma tradição poética logo detectável na proliferação do poema-piada, uma tradição poética que promove um lirismo suscitador do riso, seja um riso mais satírico, seja um riso mais kínico ou cínico, etc. E a tradição modernista e pós-modernista da literatura portuguesa nunca investiu tanto nisso, a tal ponto que eu acho que ainda hoje em dia a academia e a crítica têm muitas dificuldades em reconhecer valor numa obra poética que faz rir. Talvez o caso mais exemplar fosse o da Adília Lopes, que tem sido lida mais facilmente no Brasil do que em Portugal, salvo raras excepções.

– Nós temos uma tradição do riso surrealista, mas até aí há algo de trágico, é um riso muito difícil.

– Sim, é um fenómeno diferente e sobretudo a investir numa inclinação mais satírica, que estaria num Cesariny, num O'Neill, etc. E de facto a questão do cómico propriamente dito, aquilo sobre que a Patrícia se vai debruçar é algo que na poesia brasileira está associada a uma prática lírica já há mais de um século, o que também permitiu que o discurso crítico se fosse habituando a que a poesia pode suscitar o riso e ser até abordada com uma certa comicidade, com humor, e na nossa cultura isso tem sido muito mais difícil de implantar.

– Aquilo que nós ignoramos é que o riso é provocador de pensamento, de um desenvolvimento discursivo muito próprio que é igualmente criativo, se não for mais até. Mas noutros moldes.

– Sim, aliás, lá está o Freud com o seu estudo sobre a anedota… E eu acho que isso tem a ver com aquilo que a Patrícia consegue articular com outras tradições literárias, como no caso da contraposição que ela recupera entre o *pathos* e o *bathos* a partir da leitura do Pope. Digamos que a tradição canónica da lírica em Portugal continua a ser muito mais a do *pathos*, e de facto essa atenção dada àquilo que é menor, que é desimportante, que está ligado ao chão e à terra e que dum certo ponto de vista também historicamente sempre esteve muito aliado à comédia, às figuras cómicas, à suscitação do riso, nós sabemos o quanto há cómicos de situação que estão ligados a questões escatológicas e à exploração desse tipo de situações, e que é um aspecto ao qual a Patrícia consegue dar uma legibilidade histórica.

– Sim, é toda uma contracultura dentro do ocidente, que tem a ver com a questão do corpo. Manoel de Barros é um autor muito próximo da matéria e a questão passa por: como se usa a palavra, que está cheia de tabus e de instituições, para falar da matéria, desse tabu, daquilo que não cabe precisamente na palavra. O que há aqui de perturbador nem é só o referente do corpo em si próprio (se é que existe o "corpo em si próprio"), é o facto de esse referente específico estar dentro de uma instituição protegida. E por isso já aqui tantas revoluções latentes, tantos protestos: "Não se fala sobre isso", "Pois fala-se sim senhor", diz Manoel de Barros, e diz a Patrícia logo depois. Ou seja, este ensaio fala sobre um autor que se envolve numa zona proibida, não sabemos muito bem o que vai acontecer à linguagem depois disso. É sobretudo um jogo de palavras e do sentido que essas palavras têm: como se reorganiza todo o nosso léxico, quando se percebe que o umbigo do mundo mudou de lugar?

– E muito graças àquele gesto, a que a Patrícia dá muita importância, que é de facto estrutural na poesia de Manoel de Barros, que é o gesto de inutilizar a utilidade dos objectos: quando ele diz «o poema é um inutensílio», di-lo depois de já ter conseguido desutilizar os próprios objectos que à partida serviriam como utensílios na nossa previsibilidade sócio-cultural...

– Sim. Desutilizou-os trocando-lhes os nomes, as sintaxes, os contextos.

– Outra coisa que eu acho de muito valor neste livro da Patrícia, pensando mais tecnicamente, é a destreza com que ela consegue alternar uma visão panorâmica absolutamente sistemática da obra de Manoel de Barros – ela entra na obra a sobrevoá-la com um grande à-vontade para falar das questões transversais que vão do primeiro ao último livro, e nós percebemos que domina perfeitamente a perspectiva panorâmica porque salta de umas coisas para as outras com uma enorme destreza –, mas o que é espantoso é a forma como ela consegue ir alternando e articulando isto com momentos de *close reading* de textos, de poemas, de passagens de uma finura analítica absolutamente impressionante, que é a finura da lupa, já não é a da lente-avião, como diria o João Cabral de Melo Neto. E eu acho que isso é um dos grandes valores nos métodos de abordagem do livro, porque o facto de ela promover uma perspectiva estruturada da obra inteira não impede que em muitos momentos faça um zoom e se aproxime de textos específicos, que depois são uma evidência exemplar daquilo que está a tentar defender em termos mais alargados.

– Porque é uma leitura muito apaixonada. A paixão aprecia o detalhe.

– E precisa de tocar.

– Como tudo é muito minucioso no próprio Manoel de Barros, a atenção da leitora tem de ser igualmente dedicada. A escrita tem de ser reflectida pela leitura, porque são o mesmo gesto: escrever e ler.

– É como o Barthes diz – numa passagem de que gosto muito – sobre a crítica, que ela deve ser uma fala desdobrada. Este livro da Patrícia é efectivamente uma fala desdobrada relativamente à fala do Manoel de Barros.

– Oxalá desdobre agora junto de muitos leitores.

– Oxalá.

NOTA PRELIMINAR

Este ensaio tem como *corpus* a totalidade dos volumes publicados por Manoel de Barros até 2012. À exceção de *Para Encontrar o Azul Eu Uso Pássaros* (1999) e dos quatro volumes das *Memórias Inventadas* (Planeta, 2003; 2006; 2010; 2012), os volumes publicados entre 1937 e 2010 serão citados pela edição portuguesa da *Poesia Completa* (Lisboa: Caminho, 2010). São eles: *Poemas Concebidos sem Pecado* (1937), *Face Imóvel* (1942), *Poesias* (1947), *Compêndio para Uso dos Pássaros* (1960), *Gramática Expositiva do Chão* (1966), *Matéria de Poesia* (1970), *Arranjos para Assobio* (1980), *Livro de Pré-coisas* (1985), *O Guardador de Águas* (1989), *Concerto a Céu Aberto para Solos de Ave* (1991), *O Livro das Ignorãças* (1993), *Livro sobre Nada* (1996), *Retrato do Artista Quando Coisa* (1998), *Exercícios de Ser Criança* (1999), *Ensaios Fotográficos* (2000), *O Fazedor de Amanhecer* (2001), *Tratado Geral das Grandezas do Ínfimo* (2001), *Cantigas por Um Passarinho à Toa* (2003), *Poemas Rupestres* (2004), *Poeminha em Língua de Brincar* (2007) e *Menino do Mato* (2010).

Os volumes restantes não incluídos nesta edição serão citados pelas respectivas edições brasileiras: *Gramática Expositiva do Chão (Poesia Quase Toda)* (Rio de Janeiro: Civilização Brasileira, 1990), *Para Encontrar o Azul Eu Uso Pássaros* (Campo Grande: Saber Sampaio Barros Editora, 1999), *Escritos em Verbal de Ave* (São Paulo: Leya, 2011) e

Memórias Inventadas: As Infâncias de Manoel de Barros (Rio de Janeiro: Planeta, 2012).

A bibliografia divide-se em duas partes. Em primeiro lugar, a bibliografia de Manoel de Barros e, em segundo lugar, a bibliografia geral. No caso de a data da publicação utilizada diferir da data da primeira publicação, todas as obras são, à exceção dos textos da Antiguidade Clássica, acompanhadas da data original. A bibliografia contempla apenas as obras diretamente citadas ao longo do ensaio.

A menos que se partilhe a referência da tradução do estrangeiro para o português, as traduções dos textos estrangeiros para o português são da minha inteira responsabilidade. Todas as traduções da minha autoria são acompanhadas do texto original. A tradução desses originais foi feita com a preocupação de inteira fidelidade à expressão estilística e com o máximo respeito pelo pensamento dos autores. Os originais dos textos da Antiguidade Clássica, em Grego Antigo e em Latim, são citados, respectivamente, a partir da Bibliotheca Augustana e da Latin Library. No caso particular das passagens relativas a Diógenes de Sínope, citou-se Diógenes Laércio a partir da base de dados grega Μικρός Απόπλους.

As ilustrações e os gráficos que compõem este ensaio são da minha autoria.

SIGLAS

Poemas Concebidos sem Pecado (1937) – PCSP
Face Imóvel (1942) – FI
Poesias (1947) – P
Compêndio para Uso dos Pássaros (1960) – CPUP
Gramática Expositiva do Chão (1966) – GEDC
Matéria de Poesia (1970) – MP
Arranjos para Assobio (1980) – APA
Livro de Pré-coisas (1985) – LPC
O Guardador de Águas (1989) – OGA
Concerto a Céu Aberto para Solos de Ave (1991) – CCAPSA
O Livro das Ignorãças (1993) – LI
Livro sobre Nada (1996) – LSN
Retrato do Artista Quando Coisa (1998) – RDAQC
Exercícios de Ser Criança (1999) – ESC
Para Encontrar O Azul Eu Uso Pássaros (1999) – PEAUP
Ensaios Fotográficos (2000) – EF
O Fazedor de Amanhecer (2001) – OFA
Tratado Geral das Grandezas do Ínfimo (2001) – TGGI
Cantigas por Um Passarinho à Toa (2003) – CPUPT
Poemas Rupestres (2004) – PR
Poeminha em Língua de Brincar (2007) – PLB
Memórias Inventadas. As Infâncias de Manoel de Barros (2008) – MI
Menino do Mato (2010) – MM
Escritos para Verbal de Ave (2011) – EPVA

INTRODUÇÃO

e então é verdade: então a vida não passa disto:
um sopro: um cisco no olho: um sopro: e nada
Sebastião Nunes

Perspectivada no seu conjunto, a obra de Manoel de Barros, objeto de uma considerável quantidade de estudos científicos na última década, tem vindo a desencadear, com certa frequência, a discussão de uma série de questões relativas à infância e ao tratamento literário do motivo do pantanal. Essenciais para a compreensão e o enquadramento de Manoel no contexto da poesia brasileira contemporânea, o regresso à infância e o quadro pantaneiro mato-grossense ocupam a grande parte dos ensaístas.

Em termos gerais, o tema da infância apresenta-se quase sempre de modo isolado, em muito associado à ideia de reconstrução, um tanto saudosista, de um passado utópico. Concernente à fala, a infância é relacionada com a desconstrução do código linguístico corrente. O entendimento do pantanal segue a mesma lógica: diz respeito a um lugar preferível à metrópole e implica linguisticamente a introdução de fenômenos de variação regional no código.

Ora como consequência direta, a crescente sistematização desses dois motivos revoga a sistematização de outros temas presentes ou até mesmo a articulação que, em conjunto, esses temas comportam ao longo das vinte e quatro publicações de Manoel.

Mostra-se, pois, necessário outro tipo de abordagem, que contemple, relacionada ou não com a infância e o pantanal, um conjunto de questões fundamentais para a análise e o aprofundamento do universo de Manoel. Nesse sentido, partindo de uma visão global da sua obra, propõe-se a breve análise de problemáticas como a morte, a origem das primeiras comunidades humanas, a figura do idiota, a possibilidade de uma *poesia kínica*[1] ou a metamorfose do humano em natureza (*segundo nascimento*). Em estreito e constante diálogo, essas questões correspondem, neste ensaio, a quatro fases. E, por sua vez, essas quatro fases são ilustradas, de modo sumário, pelo Círculo dos três movimentos com vista ao Homem-Árvore.

O Círculo dos três movimentos com vista ao Homem-Árvore

O Círculo dos três movimentos com vista ao Homem-Árvore é uma proposta de interpretação para a poesia de Manoel de Barros. Divide-se em quatro partes: o primeiro movimento, o segundo movimento, o terceiro movimento e o Homem-Árvore. O primeiro movimento e o segundo movimento são acompanhados da execução, quer dizer, o reflexo direto dos movimentos na poesia de Manoel. O terceiro movimento, mais longo e diversificado, divide-se em quatro desvios. O Homem-Árvore é a conclusão do círculo.

O primeiro movimento, de 90º até ao solo – corpo vertical até ao solo horizontal –, diz respeito à morte e à aceitação da ordem natural em estreito diálogo com o simbolismo da terra. A consciência da morte, que fundamenta o desejo do segundo nascimento, antecede os dois movimentos seguintes.

Regressar à terra de onde se veio é entendido aqui como regressar à origem. E, portanto, resultado primeiro da aceitação da ordem natural. O segundo movimento relaciona-se com a origem das primeiras comunidades humanas. No âmbito de sua abordagem, são vários os autores

1. Distinguirei, conforme o que postula Peter Sloterdijk, as grafias de "kínico" e "cínico" ao longo deste ensaio. "Kínico" refere-se ao movimento filosófico antigo dos cínicos e "cínico" a uma forma de cinismo exclusivamente atual. A primeira, "kínico", será usada no contexto da interpretação da poesia de Manoel de Barros como uma manifestação kínica moderna.

que, centrados na ingenuidade e na inocência dos sujeitos, designam os primeiros humanos por *idiotas*. Porém, o espaço original das primeiras comunidades, para o qual não existia ainda um código linguístico, revela-se, claro está, impenetrável - *impossível*. O que nos transporta, obviamente, até ao recurso de uma *origem possível*, à infância ou à imitação do comportamento infantil. Ao comportar-se como uma criança, inaceite e excluído, o *idiota*, agora social, recupera grande parte das características dos primeiros humanos — os infantes da humanidade. Nesse ponto, a questão revela-se óbvia e pertinente: em Manoel, a imitação do comportamento infantil conduz à assunção de um comportamento considerado, em termos sociais, *idiota*? Ou é a própria assunção da *idiotice* que conduz à imitação do comportamento infantil?

As duas respostas são tão pertinentes quanto a pergunta. E, com grande relevância em todas as publicações de Manoel, o *idiota social* encarna a figura principal de uma poesia socialmente desviante e evasiva.

No âmbito desse desvio social, o terceiro movimento trabalha a possibilidade de a poesia de Manoel ser interpretada como uma manifestação moderna da corrente filosófica grega antiga do *kinismo*. Essa comparação, apoiada sobretudo em Peter Sloterdijk e nos registros de Diógenes Láercio acerca de Diógenes de Sínope - o kínico por excelência -, compõe-se, mais tarde, de quatro propostas hermenêuticas. A cabeça, os olhos, a boca e a genitália. Por outras palavras: o desvio temático, o desvio perceptivo, o desvio humorístico e o desvio sexual.

À luz do conceito de *bathos*, tal como o propôs Alexander Pope, o desvio temático desenvolve-se a partir do *desobjeto*. No desvio perceptivo, em muito apoiado nas considerações de Roland Barthes no que respeita à fotografia, explora-se, além da apropriação do quadro imagístico pelo *punctum*, as idiossincrasias da relação de Manoel com o movimento surrealista. Já no âmbito do desvio humorístico, defende-se, a partir de Henri Bergson, duas possíveis transposições cômicas. E, finalmente, a propósito do desvio sexual, expõem-se, a par da possibilidade de uma relação sexual entre autor e palavra, temas como a coprolagnia, o *voyeurismo* e o zoosadismo.

Completados os três movimentos do círculo, impõe-se de novo a questão do segundo nascimento que, em Manoel, corresponde à metamorfose do humano em natureza. Bernardo da Mata, personagem recorrente a partir de *Livro de Pré-coisas* (1985), é, por meio da transformação em árvore, o exemplo central do processo metamórfico. O Homem-Árvore.

CÍRCULO DOS TRÊS MOVIMENTOS COM VISTA AO HOMEM-ÁRVORE

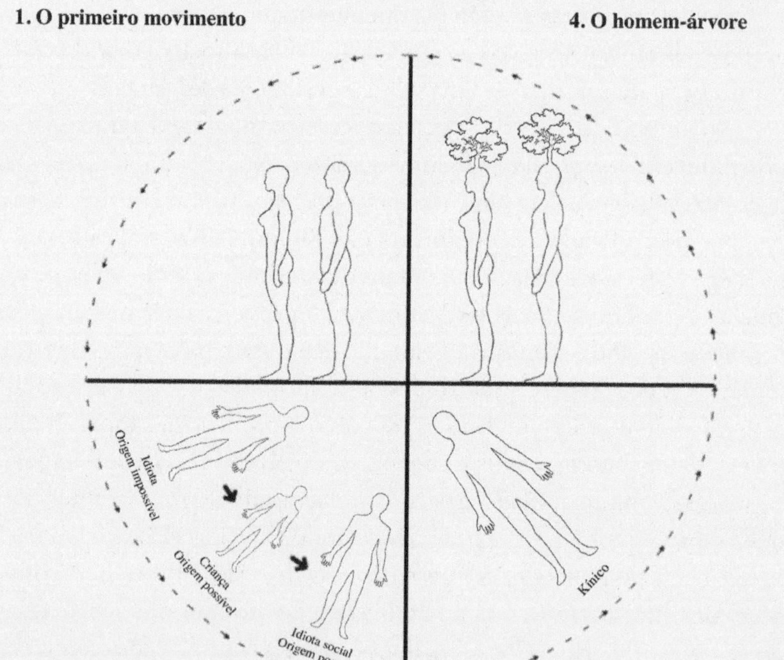

1. O PRIMEIRO MOVIMENTO

O poema ensina a cair
sobre os vários solos
Luiza Neto Jorge

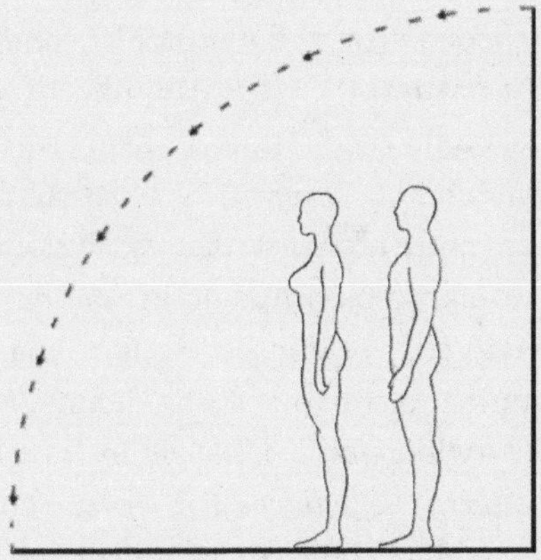

A morte e a terra

O primeiro dos três movimentos, o do rosto até a terra ou o do corpo até a campa, pode muito bem ser ilustrado pelo deslocamento do corpo humano (vertical) até o chão (horizontal). A imagem atrai, de resto, a pergunta: o poema assiste apenas ao movimento dos 90º ou é, ele mesmo, o resultado do encontro com o solo? E o interesse cresce à medida que, na ausência de uma resposta, os poemas de Manoel asseguram as duas hipóteses de interpretação.

As primeiras passagens da cultura ocidental sobre o tema da morte partem da imagem do corpo humano que, de modo inverso, brota do solo; processo imagístico que, aliás, poderemos identificar adiante no percurso de Manoel. Por ora, vejamos.

Na *Teogonia*, Hesíodo refere-se a um episódio que acredito ser de particular interesse, "ὅτ' ἐκρίνοντο θεοὶ θνητοί τ' ἄνθρωποι" (*quando os deuses e os homens mortais se separaram*),[2] e cujo significado é recuperado em versos mais tardios, como o de Píndaro, "Σκιάς ὄναρ ἄνθρωπος" (*o ser humano é o sonho de uma sombra*).[3] Ao demarcar geograficamente a primeira diferença entre homens e deuses, Hesíodo sugere que os homens, como o revelarão os mitos de Prometeu e Pandora, foram privados do convívio com os deuses. Hesíodo inaugura, na verdade, a relação do ser humano com o chão, ao definir "ἐκ τοῦ δ' ἀθανάτοισιν ἐπὶ χθονὶ φῦλ' ἀνθρώπων" (*desde então, a raça humana* [*como aquela*] *que habita a terra*) [4] e não o céu, reservado aos que vivem para sempre. Eternamente vivas (ἄιεν εόντες), as divindades representam, como nota Antonio Jardim, a "inconformidade com a finitude"[5] e, por isso, a sua duração, ao contrário da dos mortais, não

2. *Teo.*, 535.
3. *Odes Píticas*, VIII, 96.
4. *Teo.*, 556.
5. Acrescento ainda: "A noção de temporalidade relativa à eternidade, para os gregos, necessita de dois fatores fundamentais: um princípio, que fica expresso na noção de 'imagem móvel', bem como de transgressão do limite temporal, expresso tanto pela noção de imobilidade quando pela idéia de 'força vital'" (Jardim, 2005, p. 137-138).

pode ser quantificada. E é aqui que convoco Píndaro de novo: se por um lado o seu verso parece enquadrar-se no registro elogioso da VIII ode de pítica, por outro opõe-se, como nota António de Castro Caeiro, à "estabilidade racional" para valorizar aquilo que é ἐπᾶμερος.[6] Quer dizer, se ἡμέρα, ἁμέρα significa "dia", a introdução do prefixo invalida a duração das vinte e quatro horas. À impossibilidade de definir o limite da vida humana junta-se a autonomia que Píndaro atribui ao substantivo "sombra", através do genitivo em σκιᾶς όναρ, e com isto a ambiguidade do verso equivale à fragilidade dual do ser humano que, apesar de consciente de um limite (πεῖρας), desconhece a data da sua imposição.

Vem clarificá-lo, pela sua capacidade de síntese, a expressão do coro de *Antígona* de Sófocles, "παντοπόρος ἄπορος",[7] que Heidegger (1993, p. 91) traduziria por "Überallhinausfahrend -/ *erfahrungslos*", "aventurar-se sem experiência em todas as direções". Mais: se παν significa "tudo" e a palavra portuguesa "poro" corresponde a πόρος, o alfa privativo de ἄπορος,[8] α, anula a ideia de variedade contida na primeira palavra. Para perceber isso, importa recordar o contexto em que o coro de *Antígona* o menciona e relembrar que essa expressão é antecedida pela enumeração dos muitos feitos que o ser humano leva a cabo. *Pantoporos* remata o tom laudatório da lista, mas logo é contrariado por *aporos* e a forma verbal ἔρχεται. Assim sendo, o ser humano, que é muito prodigioso,

---

6. "A característica essencial por que o humano é reconhecido não é a da possibilidade extrema da estabilidade racional. Antes o facto de se tratar de uma efemeridade" (Píndaro, 2010, p. 127).
7. *An.*, 360.
8. Em grego, πόρος significava, antes de tudo, "estrada" ou "caminho". Numa acepção menos óbvia, poderia também dizer respeito à pele. De realçar que ἄπορος, ον, à semelhança de ἀπορία, ας, está na raiz da palavra portuguesa "aporia" que, por sinonímia, corresponde a palavras como "incapacidade", "falta" ou "privação".

ἄπορος ἐπ' οὐδὲν ἔρχεται
τὸ μέλλον.
Ἅιδα μόνον
φεῦξιν οὐκ ἐπάξεται
(vv. 360–363)

sem caminho – dá em nada [tudo]
o que ele pretende.
A única coisa que ele não conseguiu
foi fugir da morte

Nesse sentido, a vulnerabilidade do *animal rationale*, tal como é sugerida por Hesíodo, Píndaro ou Sófocles, apresenta-se sob a imagem do corpo humano que brota a partir do solo. Processo que, em grego, corresponde às palavras αὐτός (*por si mesmo*) e χθών (*terra*),[9] que, unidas, querem dizer "filhos da terra" e que, não por acaso, são resumidas de forma clara pela coincidência entre as raízes das palavras hebraicas 'ãdãm (*homem*) e 'adãmãh (*terra*).[10] Desse modo, a ligação etimológica do ser humano enquanto pó à terra, lugar de onde nasce e, segundo o *Eclesiastes*, lugar a que inevitavelmente retorna, reflete-se na decisão de colocar, no mesmo verso, o prefixo *pan* e a negação trazida pelo alfa privativo de *aporos*. Pode, inclusive, lembrar-nos da naturalidade com que, para recuarem às origens do mundo, tanto gregos como romanos se serviam da referência aos antepassados gigantes que, ademais, Giambattista Vico associa imediatamente ao nascimento a partir da terra.[11] Pode também articular-se com a "história fabulosa dos gregos"

9. Cf. Sérvio, *Ad Aen.*, VIII, 321. De realçar ainda que αὐτός e χθών estão, segundo o *Dicionário Priberam da Língua Portuguesa*, na raiz da palavra portuguesa "autóctone", ou seja, "Que ou o que é natural do território onde vive".
10. A propósito disso, Haroldo de Campos (1992) fala de "um estado de primeiridade icônica". Acrescenta ainda que *adom* quer dizer, correlatamente, "vermelho": a cor da terra.
11. As considerações de Vico (2005, p. 207) sobre o dilúvio universal e os gigantes são, no mínimo, surpreendentes: "Depois do dilúvio, espalharam-se pela terra os gigantes assim constituídos, porquanto, tal como vimos na história fabulosa

referida por Vico e que só pode dizer respeito ao mito de Deucalião e Pirra, reunido e recontado por Ovídio no Livro I (vv. 313-415) das *Metamorfoses* ou ilustrado por Johann Wilhelm Baur em "Reparatio generis humani" (1703). E, claro, conduzir-nos à explicação bíblica da criação do homem, cuja forma é feita a partir da terra: "O Senhor Deus formou o homem do pó da terra e insuflou-lhe pelas narinas o sopro da vida, e o homem transformou-se num ser vivo".[12]

Embora não diga respeito à criação primeira da espécie humana, pois passa-se depois do dilúvio – antes do qual havia mulheres e homens –, o mito de Deucalião e Pirra reclama, à semelhança do processo protagonizado pelo Deus que faz o homem a partir do pó, a ligação entre a vida/morte e a terra.[13] E não por acaso, Ovídio, considerando que se trata de um mito teogônico,[14] o inclui no Livro I das *Metamorfoses*,

---

dos gregos, do mesmo modo os filólogos latinos, sem se darem conta, a eles se referem na velha história de Itália, onde dizem que os mais antigos povos de Itália chamados 'aborígenes' se designaram αὐτόχθονες". É também de realçar aquilo que Vico (2005, p. 13) escreve sobre a sepultura: "A segunda das coisas humanas – pela qual para os Latinos, de 'humando', 'sepultar', deriva primeiro e propriamente 'humanitas' – são as sepulturas". Ou ainda: "Daí, terem sido definidas as sepulturas, com grande razão, com aquela expressão sublime 'foedera generis humani' e, com menor grandeza, foram descritas 'humanitatis commercia' por Tácito" (Vico, 2005, p. 176). A expressão de Tácito está nos *Annales*, VI, 19. Além do mais, a própria palavra "γηγενής" (*gigante*) significava, em grego, "nascido da terra".

12. Gn 2: 7.

13. Associar o mito de Deucalião e Pirra ao episódio da criação de *Gênese* não é, contudo, a interpretação mais óbvia. Tal como é narrado em Apolodoro (*Bibl.*, I, 7, 2 e s. e ainda *Bibl.* III, 1, 2), muito brevemente na *Ilíada* (I, 126), em Pausânias (I, 17, 7) ou, como disse, em Ovídio, o mito de Deucalião e Pirra apresenta várias semelhanças com a história de Noé, na medida em que, após Zeus tomar a decisão de afogar todos os seres humanos e salvar apenas dois, Deucalião e Pirra são aconselhados por Prometeu a construir uma "arca" para se salvarem. Além de Deus tomar a mesma decisão, em *Gênese*, Noé também é aconselhado a construir uma arca: "O fim de todos (os homens) chegou diante de Mim, pois encheram a terra de iniquidades. Vou exterminá-los, assim como à terra. Constrói uma arca de madeiras resinosas. Dividi-la-ás em compartimentos e calafetá-la-ás com betume por fora e por dentro" (Gn 6: 13).

14. *Met.*, I, 3-4: "primaque ab origine mundi/ad mea perpetuum deducite tempora carmen!" (*conduzi os meus versos desde a origem primordial do mundo até*

acrescentando que, logo depois de as pedras lançadas por Deucalião e Pirra brotarem da terra, respectivamente, homens e mulheres dão provas da origem da qual vieram (*documenta damus qua simus origine nati*).[15] O círculo completa-se na certeza de que todas as mulheres e todos os homens morrerão da mesma forma que nasceram: "a parte deles que era de terra, húmida, transformou-se e passou a servir de corpo" (*ex illis aliquo pars umida suco/ et terrena fuit, versa est in corporis usum*).[16]

O desenvolvimento desse raciocínio circular faz-se pelo recurso a imagens como a da sombra ou a da flor,[17] que, pelos seus caracteres imateriais, assumem em Píndaro um estatuto semelhante ao do ser humano mortal e equivalem à metáfora do pó. E só funciona caso admitamos que a estrutura física do ser humano é igualmente passageira. Como nas palavras de Deus a Adão, "até que voltes à terra de onde foste tirado; porque tu és pó e em pó te hás-de tornar",[18] ou nas palavras de Jó a Deus, "Lembra-Te que me formaste com o barro; far-me-ás, agora, voltar ao pó?".[19]

Execução do primeiro movimento

Nascido em 1916, em Cuiabá, Manoel de Barros representa, junto de Cora Coralina, um dos mais surpreendentes casos de reconhecimento tardio e, pelo extremo afastamento de qualquer geração literária, parece ser, nas palavras de Carlos Mendes de Sousa a propósito de Clarice

---

aos meus dias).

15. *Idem*, I, 415.

16. *Idem*, I, 407-408.

17. A *flos*, tal como aparece no mito de Afrodite e Adônis, breve como a vida do jovem humano. *Met.*, X, 735-737: "cum flos de sanguine concolor ortus,/ qualem, quae lento celant sub cortice granum,/ punica ferre solent; brevis est tamen usus in illo" (*quando desponta uma flor do sangue,/ da mesma cor que oferecem as romãs que guardam/ os seus grãos sob a frágil pele./ A sua vida, contudo, é breve*).

18. Gn 3: 19.

19. Jó 10: 9.

Lispector, um não lugar no contexto da literatura brasileira.[20] Reparo, por exemplo, que as datas das publicações de Manoel não distam em muito das datas das publicações de Carlos Drummond de Andrade ou de João Cabral de Melo Neto; que, em comparação, não careceram de análise e de divulgação. Além disso, a proximidade não se acaba nas datas: reflete-se também em algumas ideias e posturas partilhadas pelos três.[21] Importa, de fato, referir versos como "minha leitura é

---

20. Carlos Mendes de Sousa (2000, p. 22) refere-se a Clarice Lispector como "a mais radical afirmação de um não-lugar na literatura brasileira". Lembro também, a esse propósito, Luciana Stegagno-Picchio (1997, p. 661): "De recente e tardio reconhecimento de crítica e de público é a forte presença do mato-grossense Manoel de Barros, com uma poesia que alcança sua iluminação a partir de minúcias e fragmentos da natureza e do cotidiano". E ainda o próprio Manoel de Barros (1990, p. 308) que, em entrevista, afirma: "Acho que não pertenço à Geração dos 45 senão cronologicamente. Não sofri aquelas reações de retesar os versos frouxos ou endireitar sintaxes tortas. A mim não me beliscava a volta ao soneto".

21. Há, ainda assim, quem, a propósito de João Cabral e Manoel de Barros, defenda teorias que tendo a questionar. Refiro-me especificamente à dissertação *Teologia do Traste: A Poesia do Excesso de Manoel de Barros* (2001). Fabrício Carpinejar defende que, contrariamente à *poesia do excesso* de Manoel de Barros, existe a *poesia do menos* de João Cabral. Embora concorde com a última parte, designação de que, aliás, *João Cabral: A Poesia de Menos* (1999) de Antonio Carlos Secchin é introdutor, não posso concordar com um contraste total entre as poéticas de ambos. Fazê-lo, na linha de Carpinejar, seria admitir que a poesia de Manoel, em oposição à de João Cabral, nada tem de apurado, no sentido de, então longe da "ótica do desfalque" – expressão de Carpinejar –, o primeiro escrever para fora daquilo que no segundo é "essencial". Além disso, a poesia de João Cabral não se explica toda pelo "menos" (cf. Joana Matos Frias, "A severa forma do vazio, por Antonio Carlos Secchin", *Colóquio/Letras*, n. 157/158, julh. 2000. Disponível em: <http://coloquio.gulbenkian.pt/bib/sirius.exe/issueContentDisplay?n=157&p=341&o=p>). Além de partilharem visões muito semelhantes acerca da questão da poesia *versus* utilidade (atentai, no caso primeiro, em "Sabiá com trevas – IX" [1980] e, no segundo, em poemas como "O artista inconfessável" [1975]), aspecto que Carpinejar parece não considerar, a produção poética de Manoel, embora contemple tematicamente a inocência, nada tem de formalmente inocente. Por isso, julgo que a linha de estudos como *Tessituras, Convergências e Tessituras de Pedras, Rios, Ilhas e Ventos: Manoel de Barros, João Cabral de Melo Neto e Corsino Fortes* (2009) de Rodidelma Soares, por não apostar numa total discrepância entre os dois autores, é mais pertinente.

só ler o chão",[22] que, no poema de Drummond, recuperam a relação entre a terra e a consciência da morte: "estou atrasadíssimo nos gregos,/ não conheço os anais de Assurbanipal/ como é que vou/ [...] – chegar à poesia de vanguarda/ e as glórias de 2000 que telefonam?";[23] questão, aliás, que "o chão tão limpo de ambição" vem relembrar. E se em "minha leitura é só ler o chão" cabe ao homem o gesto de inclinar-se perante ao pó, esse gesto antecipa o encontro, como defende João Cabral, com a origem do poema:

> o verso rebenta
>
> Como um ser vivo
> Pode brotar
> De um chão mineral?[24]

A frequência com que, mais do que Drummond e João Cabral, Manoel de Barros recorre à imagem do chão é equivalente ao número de referências a outros temas tão recorrentes e mais óbvios da sua poética, como, por exemplo, o motivo do pantanal, ao qual, não raras vezes, ela está intrinsecamente ligada.

Com efeito, a evidência da morte, que passagens como "o chão tem gula de meu olho/ (...) a gula do chão vai comer meu olho"[25] vêm exemplificar, torna-se incontestável a partir de versos como "– Lembra-te que és pó e que ao pó tu voltarás".[26] O eco bíblico é uma das quatro lições destacadas na parte XXI de "Uma didática da invenção" e recupera o significado de versos anteriores como "o chão é um ensino".[27] Além disso, o uso da forma verbal "desconhecer" remete não só para a con-

22. "Apelo a meus dessemelhantes em favor da paz" (Andrade, 2007, p. 124).
23. *Ibidem.*
24. "O poema", *O Engenheiro* (1945), *Poesia Completa*, Lisboa, Imprensa Nacional – Casa da Moeda, 1986, p. 423.
25. LI, 331.
26. LI, 312.
27. APA, 192.

clusiva questão de Drummond, mas é também sinônimo da validade que o "desconhecimento" desempenha no processo do saber. Manoel convida a outro tipo de saber, o que, na verdade, está na base do exercício de vergar-se até ao chão. Até ao poema.

O exercício de vergar-se é, além de individual, drasticamente contrário ao dos outros. Por essa mesma razão, Manoel enfatiza, desde cedo, o contraste entre o poeta e os demais.[28] A diferença não acarreta, porém, desânimo, e, com a mesma carga humorística, apura a interpretação de expressões como "desimportância científica"[29] ou sugestões como "a gente deveria dar mais espaço para/ esse tipo de saber./ O saber que tem força de fontes".[30]

Torna-se óbvia, além disso, a diferença entre o processo que respeita a norma linguística e o processo que opta pela sua desconstrução. E, tendo em conta que é, em termos gerais, o segundo processo que marca a excepcionalidade de Manoel perante o mundo crítico, importa apontar a coincidência entre a abordagem da morte, uma vez mais contida na imagem do chão, e a subversão do código linguístico. Centremos, por isso, a nossa atenção no texto que marca a passagem das três primeiras publicações de Manoel para *Compêndio para uso dos Pássaros* (1960).

"Encontro de Pedro com o nojo", incluído em *Poesias* (1947), é o último texto do volume e destaca-se por ser um poema em prosa em que gradualmente se explora a ideia de irmanação do sujeito com a natureza. Num primeiro momento, Pedro está em casa e, por contemplar uma rosa que desabrocha na escuridão, decide sair à rua. O primeiro pensamento de Pedro, sucedido pela visão de si desmembrado, consiste em "plantar uma árvore".[31] Ora depois do encontro com

---

28. Vêm, desde muito cedo, comprovando esta opção, versos como "No recreio havia um menino que não brincava/ com outros meninos/ O padre teve um brilho de descobrimento nos olhos/ - POETA!" (PCSP, 21).
29. Acrescento: "Todas estas informações têm soberba desimportância/ científica – como andar de costas" (OGA, 266).
30. RAQC, 378.
31. P, 96.

Esmeralda e o "negro sentado com uma clarineta fincada no rosto", que o irrita ao ponto de ele cuspir e se retirar, senta-se no largo. A relação de perda de vitalidade que Pedro estabelece com as "coisas mudas" e a "folha que pertence à árvore" é evidente. Razão pela qual Pedro está também "sujo" e, dos seus dedos, num discorrer crescentemente visual, brota o "nojo". Ao deitar-se no chão, repara como a inércia se "enraíza" no corpo e, ainda que se levante para voltar a caminhar, o resultado primeiro do exercício de morrer o conduz ao início: "Pedro quer nascer do chão".[32] Nesse sentido, Pedro salvaguarda muitas das conclusões que retiro da leitura de Alberto Caeiro: "E me deito ao comprido na erva,/ E fecho os olhos quentes,/ Sinto todo o meu corpo deitado na realidade,/ Sei a verdade e sou feliz".[33] O *otium* de ambos antecipa aquilo que há de mais extraordinário no texto de Manoel: a proximidade entre o sujeito e a natureza. Regressando, pois, à imagem da rosa, Pedro funde-se com a escuridão e, como a rosa, "não [o] percebe". O exercício repete-se e, dessa vez, a leitura torna-se quase corporal: "A terra comia seu abdômen. A terra cheia de poros, fermentada de raízes, rosas podres, bichos corrompidos, penas de pássaros, folhas e pedras – o atraíam".[34] Pedro completou o movimento dos noventa graus até ao ângulo raso: "ficou deitado", e, como o exercício de morrer se pratica individualmente, Pedro está só.

---

32. *Idem*, 97.
33. Cf. Pessoa, "O guardador de rebanhos" (1993, p. 39). Indivíduo e natureza fundem-se. E essa junção baseia-se fundamentalmente na "inocência da alma" (cf. Nunes, "Fernando Pessoa", 1968, p. 213-262) do primeiro. O paganismo, atribuído a Caeiro, é, além disso, a religião que nasce da terra, da atribuição de cada objeto à sua realidade "*absolutamente verdadeira*" (cf. Pessoa, 1968, p. 96) no sentido de Outro Mundo, impenetrável e irracional, contrário ao conceito de *mundo racional*. Pertencente a um sistema de Realidade diferente, essa junção diz respeito ao irreal perceptível ("O que é aí real é irreal para nós; a nossa ilusão, a nossa mentira essencial, o nosso sonho é que é aí a verdade", *ibidem*), quer dizer, à *autêntica* realidade ("O universo inteiro é uma Metáfora viva em permanente metamorfose daquilo que *existente*, sabido e conhecido, conferiria à Natureza e ao Homem *autêntica* realidade. Por isso mesmo *só o absolutamente real é real*", cf. Eduardo Lourenço [1991, p. 101]).
34. P, 98.

Desse modo, se a presença da morte não é expressamente trabalhada em *Poemas Concebidos sem Pecado* (1937) ou *Face Imóvel* (1942), "Encontro de Pedro com o nojo" introduz, de modo evidente, o tema.

Já "Introdução a um caderno de apontamentos", publicado em *Concerto a Céu Aberto para Solos de Ave* (1991), leva às últimas consequências o dilema de Pedro: dividido em quatro partes, o poema narra a história do avô que, certo dia, decide subir a uma árvore cujo tronco, por baixo de um Gramofone, havia crescido no porão da casa. Num primeiro momento, o narrador diz-nos que o avô "não estava morando na árvore".[35] Num segundo momento, Gramofone e galhos aparecem na sala e a esse período corresponde a decisão do avô de subir à árvore: "subiu também, preso nas folhas e nas/ ferragens do Gramofone".[36] A terceira parte diz respeito à vivência do avô no topo da árvore: "estava bem, sorrindo de pura/ liberdade, pousado nas frondes da árvore, ao ar/ livre, com o seu Gramofone".[37] A quarta e última é relativa à passagem do caderno de apontamentos e à morte do avô: "Doze dias antes de sua morte meu avô me/ entregou um CADERNO DE APONTAMENTOS./ (...) Ele morreu nu".[38] Há, então, algo de distinto entre Pedro e o avô: o último completa aquilo que é efêmero para o primeiro.

Para além disso, o poema, ao evocar, em termos de conteúdo, "A terceira margem do rio" (*Primeiras Estórias*, 1962) de João Guimarães Rosa, diferencia-se dele por uma série óbvia de razões: como o pai no conto de Guimarães Rosa, o avô decide exilar-se. O exílio do avô não é, porém, semelhante ao do pai, na medida em que não provoca tristeza alguma no seio familiar nem é, à semelhança da figura no barco, sinônimo de solidão absoluta. Reparo, aliás, que enquanto o pai de Rosa não se despede dos seus, "sem alegria nem cuidado, nosso pai encalcou o chapéu e decidiu um adeus para a gente" (Rosa, 1988, p. 32), o avô de Manoel fá-lo: "pareceu-nos, a todos da família, que ele estava/ feliz./

35. CCAPSA, 279.
36. *Idem*, 280.
37. *Idem*, 281.
38. *Idem*, 282.

Chegou a nos saudar com as mãos".[39] Noto ainda que a resignação da família perante a escolha do pai ("a gente teve de se acostumar com aquilo" [Rosa, 1988, p. 34]) não corresponde à naturalidade com que a família encara a decisão do avô: "víamos o avô lá em cima, flutuando/ no espaço da sala com o rosto alegre".[40] Para além disso, a coerência do isolamento do pai não é continuada pelo avô: "Tornava-se difícil para mim levar alimentos/ para o meu avô./ Eu tinha que trepar na árvore que agora/ começava a forçar o teto da sala".[41]

A comparação entre ambos os finais pode também surpreender--nos: da mesma forma que o filho no conto de Rosa não pode substituir o pai no posto do barco, o neto, no poema de Manoel, tem dificuldade em decifrar os escritos do avô no caderno de apontamentos: "metade das frases não pude copiar por ilegíveis". Mais: em Manoel, a ilegibilidade dos escritos do avô prende-se com a "ruptura de certas frases":

> Fico em dúvida se esses
> escritos são meros delírios ônticos ou mera
> sedição de palavras.[42]

Por seu turno, no conto de Rosa, a família justifica o comportamento do pai com o mesmo argumento: "todos pensaram de nosso pai a razão em que não queriam falar: doideira".[43]

Outro dos aspectos fundamentais, em "Introdução a um caderno de apontamentos", é o modo como Manoel articula a degradação do Gramofone com a condição física do avô, pois se a árvore, enraizada no chão, evidencia a ligação do homem à terra – ainda que, neste caso, ele viva nos seus galhos –, o Gramofone ilustra a perda da utilidade. A morte do avô tem de acompanhar a morte do Gramofone. Quando leio, por isso, "aquele Gramofone, como eu imaginara, não/ deveria

39. CCAPSA, 280.
40. CCAPSA, 281.
41. *Idem*, 281.
42. *Idem*, 282.
43. *Op. cit.*, p. 33.

mais tocar música",[44] logo concluo que não deverá tardar também a morte do avô.

A "insatisfação com as margens do rio",[45] vulgarizada na expressão da loucura, cresce no silêncio com as duas personagens. E se, sobre o barco, Foucault nota que não há imagem mais heterotópica,[46] também a árvore, ao colocar o avô em dois planos simultâneos, céu e terra, sugere um terceiro espaço. Esse espaço, entre a vida e a morte, é o lugar do poema.[47]

Interessante notar ainda como a inadequação do sujeito às duas margens pode, em Manoel, refletir-se naquilo a que Adilson Citelli chama o "lugar intermediário".[48] Segundo Citelli, em *Poemas Concebidos sem Pecado*, Manoel debate-se ainda entre cidade e pantanal, para, só em 1966, com a publicação de *Gramática Expositiva do Chão*, anular o conflito entre os dois.[49] Nesse sentido, Citelli defende que só em *Concerto a Céu Aberto para Solos de Ave* (1991) Manoel conquista um espaço poético próprio.

---

44. CCAPSA, 281.

45. Expressão com que Audemaro Taranto Goulart (2001, p. 7) explica a "terceira margem" de João Guimarães Rosa: "A insatisfação com as margens".

46. "*[A]nd if we think, after all, that the boat is a floating piece of space, a place without a place, that exists by itself*" (Foucault, 1997, p. 356).

47. Importante lembrar o mito de Anteu, o gigante dos fortes braços (Ov., *Ib.*, 395: *Antaei fortes lacerti*), cujo ponto fraco – de que se serviu Héracles para assassiná-lo – era o distanciamento da terra em direção ao céu. Além disso, à semelhança da árvore, também a cruz crística se divide entre céu e terra: "*La cruz tiene en consecuencia función de síntesis y de medida. En ella se unen el cielo y la tierra*", cf. Jean Chevalier (1986, p. 362). E, de resto, árvore e cruz podem, como repara Carl G. Jung (s/d, p. 80), ser uma só: "A árvore conífera está ligada a Cristo pelo simbolismo do solstício do inverno e do 'ano novo' (a nova era da Cristandade). Há muitas conexões entre Cristo e o símbolo da árvore: a cruz é muitas vezes representada por uma árvore".

48. "O deslocamento expresso no poema ['Entrar na academia já entrei'] traça a necessidade de um lugar intermediário para a solução do conflito" (Citelli, 2009, p. 128).

49. "Em *Gramática expositiva do chão*, publicado em 1966, observa-se que o espaço, com elementos regionalistas, não é mais produtor de conflito, dando lugar ao lirismo. Na obra há poemas com notas explicativas que se constituem em outros poemas, entortando a linguagem ao romper com a estrutura poética usual" (Citelli, 2009, p. 128).

Embora considere o "entortamento da linguagem", que Citelli encontra em *Gramática Expositiva do Chão*, já manifesto em *Compêndio para Uso dos Pássaros*, é certo que ele assume uma originalidade incontornável em *Concerto a Céu Aberto para Solos de Ave*, por meio de expressões tão paradigmáticas como "deixei uma ave me amanhecer",[50] metáfora que não obedece à estrutura predicativa mais comum (X é Y), ao substituir "acordar" pela forma verbal "amanhecer", ou "vi a tarde correndo dos cachorros", em que "tarde" desempenha um papel metonímico. E, claro, não é também por acaso que, na *presença ausente* da imagem do chão, o "*retorcimento* da linguagem" continua a corresponder à repetida ocorrência do tema da morte:[51]

> Ando muito completo de vazios.
> Meu órgão de morrer me predomina.
> Estou sem eternidades.
> [...]
> A minha independência tem algemas.[52]

O poema destaca-se pela autonomia que atribui ao "órgão de morrer". E se, por momentos, Manoel questiona a possibilidade de a incompletude humana poder exercer um papel direto sobre a natureza ("Pode um homem enriquecer a natureza com a sua/ incompletude?"),[53] não hesita em responder, em jeito de *sententia*, que ela é a sua "maior riqueza".[54]

Nesse contexto, parece-me, desde já, errôneo enfileirá-lo numa certa tradição melancólica. Devair Antônio Fiorotti encontra em versos como, por exemplo, "Quando o mundo abandonar meu olho (...)/ Que hei de fazer?/ – Dormir, talvez chorar",[55] a postura que Manoel adota perante a inevitabilidade da morte, mas ela não é certamente a única e,

---

50. CCAPSA, 283.
51. Propósito que *sententiae* como "Ninguém consegue fugir do erro que veio" (RAQC, 382) vêm justamente completar.
52. LI, 318.
53. *Idem*, 330.
54. RAQC, 382.
55. *Idem*, 381.

a meu ver, será a de menos importância.[56] Antecedida por um travessão, a fala "Dormir, talvez chorar" convoca uma das mais distintas passagens de *Hamlet*, "To die: to sleep" (Shakespeare, 1968, III. I. 64), em resposta a "To be, or not to be" (Shakespeare, 1968, III. I. 60). E podendo admitir que a resposta do sujeito é sinônimo de abatimento face à tragicidade do "abandono", não posso ignorar que, precedendo versos como "(Morrer é uma coisa indestrutível)", encontramos a identificação com

> aqueles des-heróis de Callais
> que Rodin esculpiu: nus de seus orgulhos e
> de suas esperanças. Só de camisolões e de
> cordas no pescoço. Pesados de silêncio e da
> tarefa de morrer.[57]

Se o anonimato dos representados havia já agradado a Rodin, Manoel explora-o no sentido do *des-heroísmo*. Embora aduza ao retorno do herói a um estado anterior, o prefixo "des" nada tem de significativamente pejorativo. Na verdade, Manoel escolhe, desde *Poemas Concebidos sem Pecado*, retratar séries de des-heróis. É o caso de Cabeludinho que, de resto, reitera atributos óbvios; recuo até Mário de Andrade (1998, p. 17) para ler: "No fundo do mato-virgem nasceu Macunaíma, herói de nossa gente". Regresso a Manoel de Barros para encontrar: "Sob o canto do bate-num-quara nasceu Cabeludinho/ (...) desandando pouquíssima poesia".[58] Apesar da aparente pequena importância reservada ao nasci-

56. Em versos como os que acabo de transcrever, Fiorotti encontra não só a tragicidade correspondente à ideia de mortalidade como a "desilusão", a "angústia" e a "solidão". E ainda sobre esse assunto, com base numa das entrevistas de Manoel com menção a João Guimarães Rosa, Fiorotti (2006, p. 137) reconhece na inevitabilidade da morte a inevitabilidade com que os homens terão de aceitar-se iguais: "Homem é igual, quando descobre sua precariedade, abaixa a cabeça. Já sabe que carrega sua morte dentro, seu formicida. *Essa é nossa condição* – Rosa me disse. Falou: *eu escondo de mim a morte, Manoel. Disfarço ela*". Sobre essa questão, cf. segundo capítulo.

57. RAQC, 378.

58. PCSP, 19.

mento, ambos assumem o protagonismo das narrativas e o percurso de Cabeludinho é semelhante, como nota Renata Rolon, ao de Macunaíma, na medida em que ambos viajam do interior para as grandes metrópoles, respectivamente Rio de Janeiro e São Paulo.[59] Por outras palavras, Cabeludinho evoca o subtítulo de Mário de Andrade, "herói sem nenhum caráter", e, não esquecendo a nota do próprio Manoel – "[Cabeludinho] bem diferente de Iracema"[60] –, contraria a importância que José de Alençar reserva ao nascimento de Iracema (*Iracema*, 1865).

Tendo em conta, por isso, outras personagens como Zezinho-margens-plácidas, Maria-pelego-preto, Dona Maria, Mário-pega-sapo, Polina ou Sabastião, notamos que Manoel começa por articular, por meio da figura do "*des*herói", certos aspectos respeitantes à temática das suas composições com a natureza epistemológica da poesia.[61] "Raphael", também publicado em 1937, é, a meu ver, o primeiro exemplo dessa articulação,[62]

---

59. "A exemplo de Macunaíma que sai de sua tribo e vai para a cidade de São Paulo, o personagem de Barros sai da distante Corumbá para a cidade grande" (cf. Rolon, 2006, p. 25).
60. PCSP, 19.
61. A propósito da questão do *desherói*, convém ressaltar que alguns autores corumbaenses, como Renato Báez (Corumbá: Figuras & Factos, 1964), Silva Neto ("O Bola Sete", *Era uma Vez*, 1995) ou Jorge Vancho Panovich ("Bola-Sete", *Em Cada Rua um Conto e uma Saudade*, 2007), se dedicaram igualmente à exploração de personagens como Mário-pega-sapo ou Bola-Sete. O primeiro, Renato Báez repara que, entre 1863 e 1963, "viveram em Corumbá muitos tipos populares". E mais sugestiva ainda é a expressão com que Báez (1964, p. 119) os descreve: "almas de rua". Bola-Sete, referido no *Livro sobre Nada* (1996), protagoniza contos e crônicas, e a Mário-pega-sapo, personagem de *Poemas Concebidos sem Pecado* (1937), chega a ser destinada uma entrada de dicionário: "Mário Pega-sapo era o filho mais velho do popular 'CARNEIRO', que tinha a mania de pegar sapos vivos nas ruas e levá-los para os depósitos que ele mesmo criava em vários pontos da cidade. Por esse hábito, ficou com o apelido de 'MÁRIO PEGA-SAPO'" (Báez, 1964, p. 131). Acerca desse assunto, *vide* "Personagens reais e ficcionais em Manoel de Barros", cf. José Carlos Pinheiro (2006, p. 83-88).
62. Espaço onde se confrontam a tradição clássica ("Fosse isto uma Grécia de Péricles/ [...] Mandava vir cítaras e eólicas harpas/ Convocava/ Anjos de bundas redondas e troços do fundo do mar") e a incapacidade em reproduzi-la (Porém./ Nem toco harpas./ Só uma viola quebrada/ Surda como uma porta/ Mais nada", PCSP, 36-37), "Raphael" termina de um modo que parece anular a razão pela

que Manoel retoma em 1966, com a publicação de "Protocolo vegetal". A expressão "Antissalmo por um desherói", título da parte quinta do texto, não só desenvolve aquilo que "Raphael" introduzira, mas marca o início de um novo conjunto de referências relativas ao chão. Com efeito, o protagonista do "Protocolo vegetal" representa, de forma mais clara, a relação de deterioramento que encontrava entre o avô e o Gramofone. E relembrando a diferença entre o poeta e os demais, acrescento que o protagonista não prima pela adequação às regras de comportamento social: "Prenderam na rua um homem que entrara na/ prática do limo".[63] Além disso, recupera a ideia da "gula" do chão, levando-a ao extremo: "viçava no [seu] olho".[64] E, ao validar de novo o "desconhecimento" por meio da consolidação de outros tipos de saber,[65] a figura do desherói, dessa vez contida num grupo escultórico, conduz-nos a versos posteriores como "Adoecer de nós a Natureza:/ – Botar aflição nas pedras/ (Como fez Rodin)",[66] cuja mensagem coincide, desde logo, com a necessidade de deterioração. Assim, para além da aceitação da morte, torna-se clara a inauguração de uma poética com base nela.

E não só. Entendo igualmente que reconhecer o vínculo da temática da aceitação da morte com a desconstrução linguística levada a cabo por Manoel é, ao mesmo tempo, admitir que a chave do reencontro com a natureza se faz por meio da desaprendizagem e, portanto, no sentido do início do mundo:

> No descomeço era o verbo.
> Só depois é que veio o delírio do verbo.
> O delírio do verbo estava no começo[67]

---

qual existe: "Falo da vida de um menino do mato sem importância./ Isto não tem importância" (*idem*, 37). E, contudo, existe.

63. GEDC, 129.

64. *Idem*, 133.

65. Refiro-me a versos tão explícitos como "por meio de ser árvore podia adivinhar se a terra/ era fêmea e dava sapos" ou "via o mundo como a pequena rã vê a manhã de/ dentro de uma pedra" (GEDC, 132).

66. LI, 310.

67. LI, 309.

2. O SEGUNDO MOVIMENTO

Teoricamente, é construção em abismo
– instalar antenas em vento de praia.
Victor Heringer

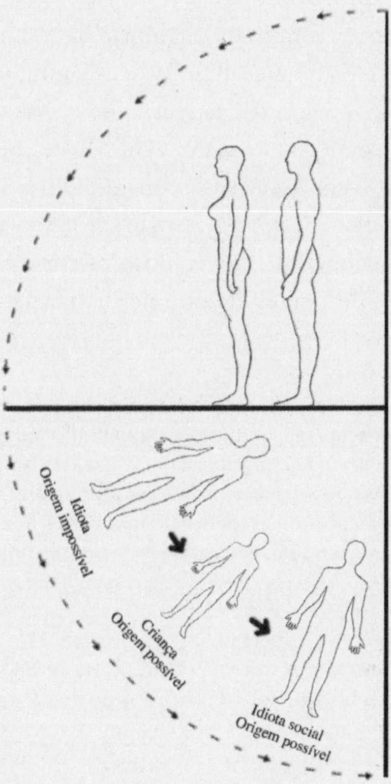

A origem impossível e a origem possível

Em *Über naïve und sentimentalische Dichtung* (*Sobre a Poesia Ingênua e Sentimental*, 1796), Schiller divide os poetas em dois grupos: os sentimentais e os ingênuos. Os poetas sentimentais, emocionais e reflexivos são aqueles que perderam o caráter e a ingenuidade infantis.[68] Os poetas ingênuos, ao contrário dos primeiros, integram o universo natural, a partir do qual a poesia brota de modo espontâneo.

Claro está que Manoel pode rapidamente caber no último grupo, o dos que, segundo Schiller, estão indissoluvelmente ligados à natureza. E, de forma muito sugestiva, a ligação à natureza, que é aqui sinônimo do segundo nascimento, pode cumprir uma das duas soluções que D. T. Suzuki, em *Budismo Zen y Psicoanalisis* (1960), apresenta como as mais válidas perante a constatação da morte.

Segundo Suzuki (1964, p. 95), estar consciente da morte nem sempre implica aceitá-la, porque, afinal, "o humano é lançado a este mundo sem escolha e retirado deste mundo igualmente sem escolha".[69] Nesse sentido, a primeira solução baseia-se na construção de um "Ego, uma coisa separada, fortificada, indestrutível", largamente considerado pela tradição da *ars moriendi* na cultura ocidental,[70] e cujo primeiro esboço está nas palavras de Sócrates, quem concluiu que os filósofos corriam o perigo de que aos demais passasse despercebido que eles não faziam outra coisa senão morrer e estar mortos.[71]

---

68. Sobre a palavra alemã *sentimentalisch*, "sentimental" em português, nota Orhan Pamuk (2012, p. 18-19) que Schiller recorreu ao inglês *sentimental*, a partir do romance de Laurence Sterne, *A sentimental journey through France and Italy*: "Basta-nos saber que Schiller utiliza a palavra *sentimentalisch* para descrever o estado de espírito que se afastou da simplicidade e do poder da natureza e ficou demasiado envolvido nas suas próprias emoções e nos seus próprios pensamentos".

69. "[...] *el hombre es lanzado a este mundo sin su voluntad y retirado de este mundo también sin contar con su voluntad*".

70. Penso nos tratados de Erasmo (1534) ou de Robert Bellarmine (1619).

71. *Fédon*, 64a: "ἐπιτεδεύουσιν ἢ ἀποθνήσκειν τε καὶ τεθνάναι". É, na verdade, a crença na imortalidade da alma o grande argumento platônico de que a personagem se serve para defender que a prática filosófica ensina a morrer. Desse modo, aderir à prática filosófica com o intuito de preparar-se para a morte é,

O cumprimento de uma série de fórmulas que têm como finalidade preparar o indivíduo para a morte não vai, porém, ao encontro daquilo que, ainda a propósito de Schiller, Pamuk (2012, p. 19) acrescenta: "[os poetas ingénuos] escrevem poesia espontaneamente, quase sem pensar, não se preocupando com as consequências intelectuais ou éticas das suas palavras, nem prestando atenção àquilo que os outros possam dizer". O que escreve Pamuk corresponde aos que, contemplando os objetos, ignoram o que os objetos têm de artificioso e rebuscado para se deterem apenas na sua natureza simples (Schiller, 1963, p. 65). E aí reside a chave da antonímia entre ingênuos e sentimentais, pois, se assim é, para os primeiros não existe diferença entre o mundo e o mundo próprio.

Nesse sentido, somos conduzidos até à segunda solução proposta por Suzuki: o regresso ao início dos tempos, quer dizer, o segundo movimento.

---

por momentos, consagrar a alma em lugar do corpo e assumir um rígido compromisso com o platonismo. Cf. *Fédon*, 66b: "Καὶ συμπεφυρμήνη ἡ ψυχὴ μετὰ τοιούτου κακοῦ, οὐ μέ ποτε κτεσίμεθα ἱκανῶς οὗ ἐπιθυμοῦμεν. Φαμὲς δὲ τοῦτο εἶναι τὸ ἀληθές" (*Enquanto a nossa alma estiver atrelada à calamidade que é termos um corpo, nunca iremos conseguir alcançar prontamente o objetivo das nossas aspirações, que é – dizemos nós – a verdade*). Pode-se também encontrar a mesma postura em autores como Cícero, que definirá, mais tarde, a vida do filósofo nos termos de meditação sobre a morte (cf. *Tusculanae Disputationes*, I-30), ou em pensadores bastante mais tardios, como Montaigne (1962, p. 81), que irá repeti-lo, por exemplo, à entrada da sua reflexão ("*Cicero dit que Philosopher ce n'est autre chose que s'aprester à la mort*", "*Que philosopher, c'est apprendre a mourir*") e proporá que "*toute la sagesse et discours du monde se résout en fin à ce point, de nous apprendre à ne craindre point à mourir*" (*ibidem*). Não por acaso, críticos como Dorothea B. Heitsch (2000, p. 98) defendem que, antes de Montaigne, "morrer" (*dying*) significava apenas "morrer" e, depois de Montaigne, distinguiram-se expressões como *le mourir*, *le mourant* ou *la mort*, o que permitiu, além de mencionar a morte, comentar aquilo que sugeria o medo: o ato de morrer. Intrinsecamente ligado ao corpo, o ato de morrer não sobrevaloriza a alma nem comporta obrigatoriamente a esperança de vida no Além. Nesse sentido, em "*la préméditation de la mort est préméditation de la liberté*" (cf. Montaigne, 1982, p. 88), o peso significativo de *liberté* não recai sobre a vida eterna e quer antes dizer que "*qui a appris à mourir, il a désappris à servir*" (*ibidem*).

Mais sugestivo do que a proposta, torna-se o que Suzuki (1964, p. 139) diz sobre ela: "este regresso à inocência só é possível depois de se ter perdido a própria inocência".[72] Debate-se, então, a necessidade de regressar ao estado de "unidade indiferenciada", que pode corresponder, como nota o próprio, ao Jardim do Éden, onde, da mesma forma que não haveria opinião, liberdade ou pecado, também não existiria consciência. E, sobretudo, onde mulher e homem não teriam estabelecido ainda a diferença entre si mesmos e a natureza.

Será, portanto, na tentativa de alcançá-lo que o mais irracional dos indivíduos,[73] sob o ímpeto de uma outra forma de apreensão, encontrará aqueles que antecedem a formação das primeiras comunidades: os "estúpidos, insensatos e horríveis" (Vico, 2005, p. 211)[74] primeiros humanos que passarei, no contexto do universo de Manoel, a designar por "idiotas". Ora, a ignorância que Vico lhes atribui vai ao encontro de teorias tão fundamentais como o são a da ingenuidade épica em Adorno[75] ou a do primeiro estado da religião grega em Gilbert Murray. Para este último, na religião grega antiga, que se divide em três importantes estados, a *euêtheia* (*εὐηθείᾳ*) ou a "Idade da Ignorância" corresponde naturalmente ao primeiro.[76]

---

72. "[...] *esta vuelta a la inocencia es posible sólo después de haber perdido la propia inocencia*".

73. O que Suzuki (1964, p. 97) diz sobre aquele que pretende reencontrar-se com a origem: "*El hombre puede tratar de encontrar esta unidad regresiva en diversos niveles, que son al mismo tiempo diversos niveles de patología e irracionalidad*".

74. "A partir destes mencionados primeiros homens, estúpidos, insensatos e horríveis bestiagas, deviam começar a reflectir todos os filósofos e filólogos sobre a sabedoria dos antigos gentios".

75. A propósito dos inícios da epopeia, Adorno (2003, p. 48-49) chama a atenção para o fato de a sua função começar por ser, antes de tudo, a de amenizar o fascínio, e não a de provocá-lo. Isso, por sua vez, conduz-nos até ao primeiro estágio da religião grega defendido por Murray, que antecede a época olímpico-homérica: "[O] elemento objetivo aparece sempre como um elemento de estupidez, uma incompreensão ou ignorância, que empaca no particular, mesmo quando este já está dissolvido no universal. A epopéia imita o fascínio do mito, mas para amenizá-lo".

76. "*The progress of Greek religion falls naturally into three stages, all of them historically important. First is the primitive* Euêtheia *or Age of Ignorance, before*

A *euêtheia*, que pode ser traduzida pelo conceito alemão *Urdummheit* de Karl Theodor Preuss (*apud* Adorno, 2003, p. 49), isto é, a "estupidez primordial",[77] convida-nos a reconsiderar outro tipo de saber. O mesmo a que, julgo, Aristóteles já havia convidado: "Nihil est in intellectu quin prius fuerit in sensu" (*não há nada na inteligência que, em primeiro lugar, não tenha transitado pela sensibilidade*).[78] E que Vico diz estar na base do surgimento da criação poética ou da *poesia divina*.

A *poesia divina* diferencia-se das sentenças filosóficas, porque se existe reflexão, ela é "pura" e diz respeito às paixões e aos afetos. Por essa razão, a poesia antecede igualmente a filosofia. Assim é para a comunidade, pois primeiro existem as selvas, depois os tugúrios, mais tarde as aldeias, logo depois as cidades e, finalmente, as academias. E assim é para o ser humano: primeiro os desmedidos e os tolos, depois os magnânimos e orgulhosos. Ou, melhor, "os primeiros homens, (...) crianças do gênero humano, [os que] tiveram natural necessidade de fingir os caracteres poéticos" (Vico, 2005, p. 133) e os seguintes, capazes de formar os gêneros inteligíveis. Faz, por isso, todo o sentido que, na sequência de Vico, a linguagem siga o mesmo curso, ou seja, antes de tudo as vozes monossilábicas[79] e só depois a atribuição dos nomes às coisas. E é ainda nessa sequência que Vico propõe pensar a "lógica

---

Zeus came to trouble men's minds, a stage to which our antropologists and explorers have found parallels in every part of the world" (Murray, 1935, p. 2).

77. "Karl Theodor Preuss chamou a essa atitude [ainda sobre o fascínio do mito] de 'estupidez primordial'. Chamo ainda a atenção para a etimologia da palavra εὐηθείᾳ: formada pelo prefixo εὖ (*bom*) e pela palavra ἦθος (*caráter*), quer dizer 'os bons carateres' ou, no singular, 'o bom caráter'".

78. Com a variante "*quod prius non fuerit*", a frase tem sido erroneamente atribuída a Locke. Julga-se, porém, que glosou uma passagem aristotélica em *De Anima*, III, 8. Acrescenta-se ainda que a forma verbal latina "*intelligere*" pode muito bem resumir a relação dos sentidos com a razão.

79. O problema de saber se existe uma linguagem sem pensamento e um pensamento sem linguagem revela-se, quase sempre, tautológico. Como defende Julia Kristeva (1969, p. 17-23), é, de fato, complicado imaginar o "pensamento 'mudo'" sem imaginar igualmente uma rede da linguagem. Nota ainda José Herculano de Carvalho (1984, p. 385-399) que, no âmbito de uma perspectiva diacrônica, porque existem antigo e moderno, podem até comparar-se dois "estados de língua". Contudo, a comparação não corresponde à realidade.

poética", de onde λόγος representa, por significar, antes de tudo, "fábula" e ligar-se, desse modo, a μῦθος, uma ação mental decorrida em tempos mudos. A primeira língua desses tempos mudos deve ter começado, portanto, com um conjunto de gestos ou atos que tivessem uma relação direta com as ideias e corresponde, considerando a "*vera narratio*", ao "falar natural" notado por Platão no *Crátilo* (425d e 438d).

Vico não concorda, porém, com essa correspondência e nota que, no âmbito da lógica poética, o "falar natural" não é sinônimo do "falar verdadeiro", pois a primeira língua não tinha em conta a natureza das coisas, mas sim, podendo designar-se de "falar fantástico", a das substâncias animadas e divinas. Pela mesma razão, o primeiro apontamento que Walter Burkert (2001, p. 15) faz sobre o mito vai ao encontro da ignorância dessas origens que, na linha do "ilógico, inverossímil ou impossível, talvez imoral, e, de qualquer modo, falso, mas ao mesmo tempo compulsivo, fascinante, profundo e digno, quando não mesmo sagrado", legitimam a produção poética como adivinhação, idolatria ou resultado da alegoria.[80] Assim, a linguagem, como reflexo do uso da imaginação, é originariamente figurada e o tropo (τρόπος) não sucede à palavra, mas antecipa-a.[81]

80. Chamo a atenção para as palavras de Vico (2005, p. 238): "as mitologias devem ter sido as suas próprias alegorias [...] de modo que essas referidas alegorias devem ser as etimologias dos falares poéticos". Ou para as palavras de Burkert (2001, p. 31): "Segundo ela [a explicação alegórica], os mitos seriam dotados de sentido e verdadeiros, desde que sejam compreendidos como 'falar de algo diferente', como encobrindo uma outra mensagem sobre um domínio inteiramente susceptível de ser experimentado e descrito". Bem como, aliás, para o modo como Vico e Francis Bacon se encontram no fato de alegarem a imposição e a suposição da alegoria no mito. Isso, claro, contra a ideia de a alegoria ser original e genuína. E Bacon vai, de resto, ao encontro daquilo que venho aqui defendendo: ainda que de um ponto de vista religioso altamente vincado, obras como *Instauratio Magna* têm como propósito central a restauração da unidade primordial, isto é, de um ingênuo e, portanto, originário domínio da natureza.

81. A este propósito, lembro Cícero no *De Oratore*, III, 38, 155: "Nam ut vestis frigoris depellendi causa reperta primo, post adhiberi coepta est ad ornatum etiam corporis et dignitatem, sic verbi translatio instituta est inopiae causa, frequentata delectationis" (*Tal como a vestimenta que, nos inícios, foi inventada para escapar ao frio, e que, mais tarde, se tornou ornamento e dignidade para o corpo, também*

A infância da humanidade corresponde, portanto, a uma língua naturalmente poética. E no que diz respeito à origem da linguagem e das mentalidades, a postura de Vico é claramente histórica. Já, sobre o mesmo assunto, a postura de um autor como Nietzsche é de aplicação genealógica, pois são as estruturas linguísticas que, na infância do ser humano, antecedem a sua projeção – esta respeitante à idade da razão – nas estruturas lógicas e científicas (cf. Nietzsche, 1999, p. 36-39, 52).

Reparemos, porém, que quando Suzuki escreve "em comunhão direta com o grande inconsciente", Erich Fromm não tarda em reformulá-lo: "ter consciência da sua própria realidade e da realidade do mundo na sua mais plena profundidade e sem véus".[82] Isto, talvez, porque a acessibilidade a um tempo tão distante é nula.[83] Pela mesma razão, semelhanças como as que encontro entre a adenda de Fromm e a imagem com que, por exemplo, Foucault explica a impossibilidade de voltar à origem não são coincidência.

Partindo da sugestiva imagem do cone (sinônimo, aqui, de historicidade), em que o vértice (resultado, pois, de todas as descontinuidades do sólido) corresponde à sempre difícil definição do sujeito, Foucault não acredita, com base nos vários espaços humanos institucionalizados, que se possa alguma vez estabelecer uma relação direta com a origem. Por isso, a origem não é sequer uma, mas multiplica-se à luz do número dos sujeitos que a ela pretendem chegar, materializando-se no modo como cada um se articula com o já iniciado do trabalho, da vida e da linguagem.[84]

Conclui-se, pois, que a missão de regressar ao início do mundo para repensar o comportamento ilógico que antecede a formação das

---

o tropo começou por ser uma necessidade para, depois, ser empregado cada vez mais com o objetivo de deleitar).

82. "[...] *tener conciencia de su propia realidad y de la realidad del mundo en su plena profundidad y sin velos*" (Fromm; Suzuki, 1963, p. 141-142).

83. Recomendo a leitura de Walter Benjamin (2004, p. 31-33) sobre a questão da origem, em que, a propósito da ausência da factualidade, se destaca a conhecida fórmula de Hegel: "Tanto pior para os factos".

84. "*L'origine, c'est beaucoup plus tôt la manière dont l'homme en général, dont tout homme quel qu'il soit, s'articule sur le déjà commencé du travail, de la vie et du langage*" (Foucault, 1966, p. 31-33).

primeiras comunidades, de onde surge a poesia, exige a própria ilogicidade do movimento. A partir daqui, a impossibilidade de retornar, enquanto indivíduo, à εὐηθείᾳ da raça humana – quer dizer, à *origem impossível* – cria o pretexto para o retorno a uma εὐηθείᾳ individual: a infância, isto é, a *origem possível.* A ingenuidade do idiota associa-se, desse modo, à ingenuidade da criança.

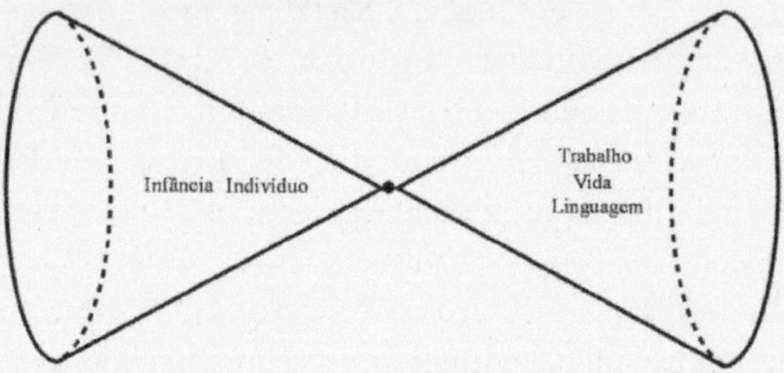

Não por acaso, Schiller coloca no mesmo grupo os costumes dos povos primitivos e o comportamento infantil.[85] Mais: a elaboração do já mencionado conjunto de fantasias que, no âmbito dos primeiros gêneros poéticos, representava o mundo com toda a veracidade, confunde-se com a noção de "omnipotência narcisista" mencionada por Suzuki, e que está, por sua vez, intrinsecamente ligada à relação da criança com a realidade. Quer dizer, a criança não aceita a realidade tal como ela é, mas como quer que ela seja. Envolvida nos seus desejos, constrói uma realidade particular e, caso os seus desejos não se cumpram, enfurece-se no sentido de, por meio dos pais, obrigar o mundo a corresponder àquilo que ela própria mais ambiciona.[86]

---

85. "*Hay en nuestra vida momentos en que dedicamos cierto amor y conmovido respeto a la naturaleza en las plantas, minerales, animales, paisajes, así como a la naturaleza humana en los niños, en las costumbres de la gente campesina y de los pueblos primitivos, no porque agrade a nuestros sentidos, ni tampoco porque satisfaga a nuestro entendimiento o gusto (en ambos respectos puede a menudo ocurrir lo contrario), sino por el mero hecho de ser naturaleza*" (Schiller, 1963, p. 57).
86. "*El niño no acepta la realidad tal como es, sino tal como quiere que sea. Vive en sus deseos y su visión de la realidad es lo él quiere que sea. Si su deseo no se*

A infância de cada indivíduo ou o retorno à infância de cada indivíduo é, portanto, um *experimentum linguæ* em que os limites da linguagem não se pensam fora da linguagem, mas dentro de uma experiência da linguagem em si, ou seja, em contato com a sua mais pura autorreferencialidade. Nada mais exemplificativo, na verdade, do que o círculo de Agamben: "infância e linguagem parecem voltar circularmente uma à outra, a infância é a origem da linguagem e a linguagem é a origem da infância".[87] Além disso, o recuo até à infância faz com que esta experiência não se resuma a uma *sigética*,[88] mas a um espaço onde, a partir da soma (*homo sapiens* + *homo loquens*), se reconheça imediatamente o resultado (*homo sapiens loquendi*):

> A infância da palavra já vem com o primitivismo
> das origens.[89]

Execução do segundo movimento

Em Manoel, a vontade de regressar ao início do mundo reflete-se nas descrições de uma linguagem originalmente poética. À semelhança do prefixo "des-" em *des*heróis, introduz-se a *des*palavra, que, como

---

cumple, se pone furioso y la función de esta furia es obligar al mundo (a través del padre y la madre) a responder a su deseo" (Suzuki, 1964, p. 98-99).

87. "[...] *enfance et langage semblent renvoyer circulairement l'un à l'autre, l'enfance étant l'origine du langage et le langage l'origine de l'enfance*" (Agamben, 2000, p. 62).

88. Do alemão *sigetik*, a partir do grego *sigan* (σιγᾶν, *permanecer em silêncio*; *calar*). A expressão é de Heidegger e designa a teoria do silêncio, pois, segundo o próprio, o falante tem, necessariamente, de incluir no seu dizer a dimensão do vazio. Tais considerações conduzem-me a uma das suas teses centrais: a de que, contrariamente a Bacon ou Vico, a linguagem da metafísica não pode ser traduzida pela linguagem originária. *Fazer* uma experiência com a linguagem (*mit der Sprache eine Erfabrung machen*) exige do falante que, na ausência dos nomes a atribuir aos objetos, cerre os lábios. *Vide* "É dizível o inconsciente?" (Loparik, 1999, p. 323-385).

89. MM, 466.

escreve Elton de Souza (2010, p. 15), passa a incluir-se no "laboratório privilegiado que nos permite vislumbrar a [sua] gênese".

A este respeito, a leitura de Foucault (1966, p. 341) volta a impor-se: "Quando tenta definir-se como ser falante, o ser humano, aquém de toda a língua efetivamente constituída, nunca encontra muito para além da possibilidade da linguagem e já não o balbúcio, a primeira palavra a partir da qual todas as línguas e a linguagem se tornaram possíveis".[90] E a conclusão não tarda. Identificamos nesta impossibilidade, o primeiro grande lugar da poesia de Manoel: "um dialeto coisal, larval, pedral, etc./ Nasceria uma linguagem madruguenta, adâmica,/ edênica, inaugural –/ Que os poetas aprenderiam".[91] A ignorância do código linguístico e a origem da linguagem evocam, em primeiro lugar, uma relação de sinonímia e, por isso, o seu resultado já não se relaciona com o verbo impossível de Foucault, mas com o "delírio do verbo",

> lá onde a crian-
> ça diz: *Eu escuto a cor dos passarinhos.*[92]

Nesse sentido, importa destacar a regularidade com que Manoel se propõe descrever um espaço incipiente e como isso faz dele possivelmente o autor brasileiro com um maior número de microcosmologias. São os casos, por exemplo, de "Prefácio" (1991), a parte XI de "Mundo pequeno" (1993) e a parte 10 de "Biografia do orvalho" (1998).

Importa, antes de tudo, reparar como a invenção da origem se coaduna com a variedade de formas para narrar o mesmo acontecimento: em "Prefácio", "foram feitas (todas as coisas) –/ sem nome".[93] Em "Mundo pequeno", "o mundo não foi feito em alfabeto".[94] E em "Biografia

---

90. *"Quand il essaie de définir son essence de sujet parlant, en deçà de toute langue effectivement constituée, il ne trouve jamais que la possibilité du langage déjà déployé, et non pas le balbutiement, le premier mot à partir de quoi toutes les langues et le langage lui-même sont devenus possibles".*

91. OGA, 274.

92. LI, 309.

93. CCAPSA, 296.

94. LI, 329.

do orvalho", à semelhança dos dois poemas anteriores, as palavras vieram depois da criação, com a "ordem das coisas".[95] Existem também versões diferentes para o mesmo episódio: em "Prefácio", surgiram primeiro a "harpa e a fêmea em pé", enquanto em "Mundo Pequeno" foram "a árvore" e as "lagartixas", seguidas de "um homem na beira do rio". Por fim, em "Biografia do orvalho", ao lado da espécie humana, uma das primeiras espécies foi a dos "urubus". É assim que, a partir da diversidade da narrativa, o exercício poético reconhece, à semelhança de Foucault ou Georges Gusdorf, uma abordagem individual das estruturas da história universal.[96] E acerca dessa questão, que concluo ao ler "Biografia do orvalho", é absolutamente necessário considerar a palavra como a única sobrevivente do caos (χάος) exordial:

> Só as palavras não foram castigadas com
> a ordem natural das coisas.
> As palavras continuam com os seus deslimites.[97]

A referida desobediência das palavras revela-se basilar para compreender a razão pela qual o percurso poético de Manoel de Barros evolui no sentido da eliminação do estabelecimento dos princípios linguísticos ou do "criançamento das palavras".[98] De fato, difícil não lembrar a "vanguarda primitiva", cuja definição, por ocasião dos noventa anos de Manoel, foi publicada como paratexto da entrevista dirigida por Bosco Martins e Douglas Diegues. Apresentada como um projeto dos três, a vanguarda primitiva "surgiu inspirada em uma conversa literária que quer transformar o grau de conhecimento a todos em índice de desenvolvimento humano, através da fascinação pelo primitivo".[99]

---

95. RDAQC, 381.
96. "*Le temps universel n'est qu'une figure de pensée: il n'existe vraiment que des êtres individuels, dont chacun recrée pour son propre compte les schémas de l'histoire universelle*" (Gusdorf, 1990, p. 98).
97. RDAQC, 381.
98. LSB, 347.
99. Cf. "Aos noventa anos Manoel de Barros se considera um songo", *Caros Amigos*, dez. 2006. Disponível em: <http://www.cronopios.com.br/site/artigos.

Ainda no mesmo artigo e com um título que respeita o formulário ortográfico antigo, pode ler-se o poema de Bosco Martins, "Manyphesto da Vanguarda Prymitiva", que reúne aquilo que, em Manoel, não compõe um manifesto mas um projeto poético. Na verdade, se, ao lado de um poema de Manoel, colocarmos o poema de Bosco, atribuir autorias pode revelar-se difícil:

O aproveitamento de todas as ancestralidades desprezadas
Vanguarda primitiva: os dicionários de pedra, de areia, de água, de árvore

O poeta lambe as palavras e alucina o idioma
Para que o idioma volte a dar encantamento[100]

ou

Agora só espero a despalavra: a palavra nascida
para o canto – desde os pássaros.
A palavra sem pronúncia, ágrafa.
Quero o som que ainda não deu liga.
Quero o som gotejante das violas de cocho.
A palavra que tenha um aroma ainda cego.
Até antes do murmúrio.
Que fosse nem um risco de voz.
Que só mostrasse a cintilância dos escuros.
A palavra incapaz de ocupar o lugar de uma
imagem.[101]

A imagem parece reavivar o conceito de pictograma que, agora compreendido em "despalavra", não só sustenta a inversão das regras linguísticas como é ele mesmo ilustrado pelo recurso ao desenho. Sobre isso, Vico recorda que, nos tempos mudos, as primeiras comunidades

---

asp?id=2030>.
100. *Idem.*
101. RAQC, 376.

se expressavam por meio de atos ou gestos que estabelecessem relações naturais com as ideias que pretendiam significar. Deles terá derivado, note-se, o princípio dos hieróglifos.[102] Ora, entre as publicações de Manoel, *O Guardador de Águas* é, sem a menor dúvida, aquela que reflete de modo mais claro a articulação entre a aparente despretensão da palavra e a elementaridade do traço. Publicado em 1989, o volume reúne seis ilustrações que, acompanhadas de aforismos, resvalam para o *nonsense* e são designadas por "Passos para a transfiguração".

A comunhão com o começo do verbo, que já não diz respeito à inteligência, mas, como nota Elton Souza, ao "instinto",[103] altera não só a dinâmica linguística mas o próprio objeto da observação, na medida em que o poeta não vê nem faz, mas *transvê* e *transfaz*.[104] Pela mesma razão, a preocupação de Manoel é, sobretudo, fonológica, pois o interesse reside na ressonância verbal que possa, dentro de um conjunto de sons habituais, deslocar-se.

Por razões como essa, Luiz Henrique Barbosa (2003, p. 19) considera que o percurso poético de Manoel reúne aspectos, por norma, inconciliáveis: "Manoel de Barros aproxima sua poesia de discursos que parecem não ter nenhum ponto em comum entre si: a linguagem das crianças, os textos místicos, a estética surrealista e a linguagem dos psicóticos".

E há, claro, algo de essencial nas palavras finais de Barbosa: o raciocínio repete-se, idiota e criança confluem na ignorância do mesmo contexto normativo.[105] Impossível, aliás, não lembrar, no contexto da poesia brasileira, autores como Drummond que, embora não me pareça

102. "Os mudos explicam-se através de actos ou objectos que possuam relações naturais com as ideias que eles pretendem significar. Esta dignidade é o princípio dos hieróglifos, com os quais se comprova terem falado todas as nações na sua primeira barbárie" (Vico, 2005, p. 137).
103. "No poeta, o linguístico não é um ramo de estudo da inteligência, ele é um 'instinto'" (Souza, 2010, p. 71).
104. "Não só um novo sentido para as palavras: um novo sentido também para o mundo que agora, pela poesia, se transvê" (Souza, 2010, p. 71). Souza não faz, contudo, menção ao verbo "desver" ("Menino do mato", MM, I, II).
105. Claro está que "psicótico" não quer dizer "idiota", mas parto do princípio antissocial inerente a ambos os termos.

que buscasse a linguagem adâmica, refletiram sobre a reconstrução da infância. Assunto que, num primeiro momento, me leva a colocar duas questões: existe algo como a infância humana? Qual é o seu lugar?

Agamben responde que a infância não existe independentemente da linguagem.[106] Conclusão que se verifica numa série considerável de textos de Drummond e é protagonizada precisamente por aquele que, então deslocado – *gauche* (*vide* "Poema de sete faces", *Alguma poesia*, 1930) – fica fora do paraíso das crianças. São desta ideia exemplos como "Infância", "Lembrança do mundo antigo" ou "Fim de casa paterna". A aplicação é sempre a mesma: versos como "As crianças olhavam para o céu: não era proibido" seguidos de "Havia jardins, havia manhãs naquele tempo!!!" (Andrade, 2007, p. 73) sugerem um passado inacessível e utópico. O *gauche* de Manoel tenta, num sentido completamente diferente, reproduzir o comportamento infantil. Assim, a reconstrução, que, no primeiro, vive da memória, passa a viver da imitação no segundo:

> *Poesia, s.f.*
> [...]
> Designa também a armação de objetos lúdicos
> com emprego de palavras imagens cores sons etc.
> – geralmente feitos por crianças pessoas esquisitas
> loucos e bêbados[107]

Pela mesma razão, no espaço da "despalavra", as histórias respeitantes à infância propriamente dita estabelecem, com bastante frequência, uma ligação com um conjunto de personagens que reúnem na idade adulta a estupidez, a ignorância e a inconsciência semelhantes às dos primeiros humanos.

---

106. A infância corresponde, portanto, ao início da linguagem, e a linguagem ao início da infância. Agamben (2000, p. 60), a partir do francês: "*Y a-t-il quelque chose comme une en-fance de l'homme? Comment l'en-fance est belle possible en tant que fait humain? Et, si elle est possible, quel est son lieu?*".
107. APA, 189.

Contudo, Manoel não é, ainda no contexto da literatura brasileira, o primeiro a trabalhar esse tipo de relação. Manuel Bandeira fê-lo em textos como "Evocação do Recife" ou "Infância", ao descrever, respectivamente, personagens como Dona Aninha, Totônio Rodrigues ou Miguel Guimarães.[108] Posso afirmar, ainda assim, que Manoel é quem o faz com mais frequência e recordar a lista de retratos com que abre *Poemas Concebidos sem Pecado* (1937). Ou avançar até volumes como *Menino do Mato* (2010) e versos como "Um dia tentamos até de fazer um cruzamento de árvores/ com passarinhos/ para obter gorjeios em nossas palavras",[109] "A gente gostava das palavras quando elas perturbavam/ os sentidos normais da fala"[110] ou ainda "Certas visões não significavam nada mas eram passeios/ verbais".[111]

A não-significância ligada ao prazer do jogo vai ao encontro de teses como as de Jean Piaget que, em larga medida, se dedica ao desenvolvimento da fala na criança e, mais especificamente, à questão do monólogo. O monólogo corresponde a uma função primitiva e infantil da linguagem e pode dividir-se em *monólogo* e em *monólogo coletivo*. Manifesta-se até aos seis ou sete anos de idade, fato que, pela sua lon-

---

108. Veja-se, por exemplo, o caso deste último: "Miguel Guimarães, alegre, míope e mefistofélico,/ Tirando reloginhos de plaquê da concha de minha orelha" (Bandeira, 1993, p. 208).

109. MM, 458.

110. *Idem*, 459. A leitura de Johan Huizinga pode aclarar os microuniversos linguísticos. Lembro, por exemplo, o caso do pai que, ao ver o filho de quatro anos que fingia ser um comboio, decidiu beijá-lo e rapidamente foi alertado pelo segundo: caso o fizesse, os carros – correspondentes a cadeiras – iriam aperceber-se da verdade. O que Huizinga (2000, p. 10) acrescenta, em seguida, é igualmente fundamental: "esta consciência do fato de 'só fazer de conta' no jogo não impede de modo algum que ele se processe com a maior seriedade, com um enlevo e um entusiasmo que chegam ao arrebatamento": "A seguinte estória, que me foi contada pelo pai de um menino, constitui um excelente exemplo de como essa consciência está profundamente enraizada no espírito das crianças. O pai foi encontrar seu filhinho de quatro anos brincando 'de trenzinho' na frente de uma fila de cadeiras. Quando foi beijá-lo, disse-lhe o menino: 'Não dê beijo na máquina, Papai, senão os carros não vão acreditar que é de verdade'".

111. MM, 459.

gevidade, Piaget considera notável,[112] e diz, sobretudo, respeito à relação que a criança estabelece entre palavra, ação e movimento. O termo acompanha, de maneira geral, a ação que a criança está a desempenhar ou pretenderia desempenhar. O *monólogo* associa-se, além disso, ao prazer e à satisfação que, durante o solilóquio, a criança sente.

O *monólogo coletivo* é a mais social das variedades egocêntricas da linguagem infantil, porque diz respeito ao prazer que a criança tem em dialogar diante dos outros. Explica, pela mesma razão, o comportamento dos adultos que, falando consigo mesmos, o fazem em voz alta. Em qualquer um dos dois casos, quer a criança quer o adulto, supõem ser escutados. O *monólogo coletivo* não exige, porém, uma colaboração entre a criança e o interlocutor. *Monólogo* e *monólogo coletivo* não chegam sequer a considerar a função comunicativa da linguagem.

A criação de uma realidade pela palavra consiste apenas no prazer da palavra. Os *Livros Infantis*, título que Manoel atribui a quatro das suas publicações (*Exercícios de Ser Criança*, 1999; *O Fazedor de Amanhecer*, 2001; *Cantigas por Um Passarinho à Toa*, 2003; *Poeminha em Língua de Brincar*, 2007), são aqueles que o demonstram de forma mais sugestiva:

> No aeroporto o menino perguntou:
> – E se o avião tropicar num passarinho?
> O pai ficou torto e não respondeu.
> O menino perguntou de novo:
> – E se o avião tropicar num passarinho triste?[113]

O silêncio do pai compromete, desde logo, a pertinência das perguntas do menino que, sem significado, não pretendem transmitir uma ideia, mas corroborar o prazer da articulação das palavras. Contudo,

---

112. "A criança fala [e serve-se] das palavras para produzir o que a acção não realizaria por si própria. De onde a fabulação, que consiste em criar uma realidade pela palavra, e a linguagem mágica, que consiste em agir pela palavra e sem mais nada, sem contacto com as coisas ou pessoas"; ou ainda "É notável que o monólogo tenha ainda uma grande importância entre 6 e 7 anos" (Piaget, 1977, p. 34-35).
113. ESC, 477.

ainda que o pai permaneça em silêncio, a mãe não resiste a pensar: "Será que os absurdos não são as maiores virtudes/ da poesia?".[114] Quer dizer, se para o pai o menino não comunica nada, para a mãe é óbvia a ausência de função social das palavras.[115]

Manoel vai, porém, mais longe, pois se poemas como os de *Exercícios de Ser Criança* espelham teorias semelhantes às de Piaget sobre as crianças, o seu interesse cresce a partir do momento em que, além de poderem dizer respeito ao desenvolvimento linguístico infantil, inauguram uma visão muito peculiar da criação poética.

Estão ainda na base de volumes como *Memórias Inventadas* que, escrito entre 2003 e 2008, ilustrado por Martha Barros e autobiográfico,[116] contempla a primeira infância, a segunda infância e a terceira infância. Como notam Sonia Urt e Lícia Delamo, essas "memórias apresentam-se de maneira fragmentada, sem que obedeçam a um movimento linear ou a limites de tempo e espaço".[117]

A primeira infância explora, em geral, episódios diretamente relacionados com os primeiros anos de vida. A segunda infância, mais extensa, reúne episódios relativos à fase da adolescência que, não por acaso, abrem com "Estreante" (descrição da primeira relação sexual). Já a terceira infância diz respeito à fase da velhice. Não existem, corroborando Urt e Delamo, ligações de sentido, tempo ou espaço entre as três infâncias ou entre os textos que as compõem.

A extensão da infância a todas as etapas da vida coincide com a necessidade de a poesia assentar no verbo deformado ou deformante.

---

114. *Ibidem.*

115. "[...] sem a imitação primitiva dos outros e sem a necessidade de chamar seus pais e de agir sobre eles, a criança não aprenderia, talvez nunca, a falar: em um sentido o monólogo não é resultado senão de um choque em torno de palavras apreendidas em função de outrem" (Piaget, 1977, p. 38).

116. No prefácio de *Memórias Inventadas: A Terceira Infância*, Pascoal Soto (2008, s/p) explica que o volume surgiu a partir do desafio de escrever uma autobiografia e que, ante o desafio, Manoel "ouviu a proposta com um ligeiro (e conhecido) ar de desconfiança e, como de praxe, silenciou".

117. O que, de resto, se relaciona, como também reparam Urt e Delamo (2009, p. 6), com as teorias de Lev Vygotsky.

3. O TERCEIRO MOVIMENTO

A paixão é a moral da poesia:
arrisquem a cabeça se querem entender
Herberto Helder

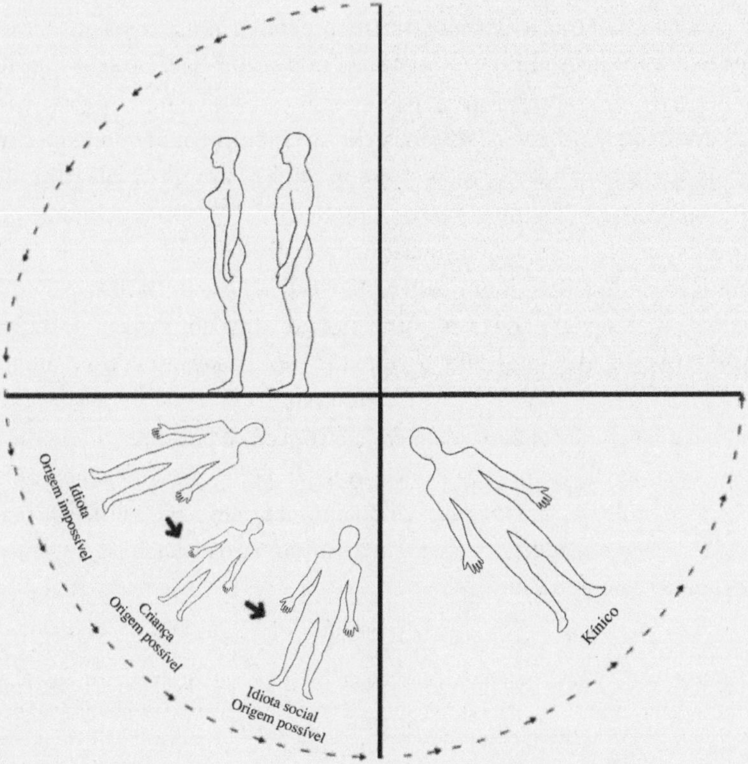

A poesia kínica

A poesia de Manoel é o reflexo premeditado do comportamento insolente ou socialmente desviante. Nesse sentido, a conveniência das semelhanças que há entre o seu percurso e movimentos como o kinismo antigo, tal como ele é definido por Peter Sloterdijk, carecem ainda de uma análise sistematizada.

Em *Kritik der zynischen Vernunft* (*Crítica da Razão Cínica*, 1983), Sloterdijk distingue o kinismo do cinismo: ao contrário do primeiro, o cinismo interioriza melancolicamente o conjunto de ações que o kínico antigo expunha de modo natural. Quer dizer, a intervenção e o dinamismo do primeiro tendem a diminuir para serem substituídos pelo humor falso do segundo, que "é forçosamente uma paródia até mesmo daquilo que há de melhor: a reconciliação" (Adorno, 1985, p. 132).

Já o kinismo concentra praticamente todos os aspectos que temos vindo a aflorar. A começar, tal como nos conta Laércio (1987, p. 161 [VI, 2. 37]), pela admiração que Diógenes de Sínope nutre pelas ações das crianças: "Certa vez Diógenes viu um menino bebendo água com as mãos em concha e jogou fora o copo que tirara da sacola dizendo: 'Um menino me deu uma lição de simplicidade!'".[118] Ou igualmente por aquilo que aqui vem sendo referido a propósito da alteração ou da eliminação da função comunicativa. Na verdade, secundarizar o significado da mensagem pode transportar-nos até a um dos mais importantes apontamentos de Sloterdijk (2011, p. 149) sobre a questão do diálogo:

> o diálogo filosófico académico não concede à posição materialista o lugar que lhe compete – e, inclusive, não pode concedê-lo, pois o diálogo, já de si, pressupõe algo como um compromisso idealista. Quando é na fala que tudo se passa, o materialismo existencial não se sente *a priori* compreendido.

118. Θεασάμενός ποτε παιδίον ταῖς χερσὶ πῖνον ἐξέρριψε τῆς πήρας τὴν κοτύλην, εἰπών, «παιδίον με νενίκηκεν εὐτελείᾳ»". Repare-se no uso das palavras "παιδίον" (*menino*) e " εὐτελείᾳ" (*simplicidade*).

Essa outra vertente, a do materialismo existencial, que diz respeito a um diálogo corporal, tem a sua primeira repercussão em Atenas, justamente com o kinismo antigo que, como nota Sloterdijk, descobriu uma forma de argumentar, da qual o pensamento sério não soube fazer nada até hoje. Diógenes, seu criador e introdutor, inverte o plano do idealismo, começando por partilhar o corpo desperto em praça pública. Em Laércio, isso é claro: "[Diógenes] servia-se indiferentemente de qualquer lugar para satisfazer qualquer necessidade, para o desjejum ou para dormir, ou conversar; sendo assim, costumava dizer, apontando para o pórtico de Zeus e para a Sala de Procissões que os próprios atenienses lhe haviam proporcionado lugares onde podia viver" (Laércio, 1987, p. 158 [VI, 2. 22]).[119] Essa atitude relaciona-se, claro está, com a etimologia do nome da corrente filosófica que Diógenes encabeça, pois "kinismo" deriva de κύων, κυνός, "cão". Não é por acaso que quando Sloterdijk escreve "o kínico peida-se, defeca, urina, masturba-se na praça pública" fá-lo sob o olhar dos antigos que, concedendo a Diógenes especial relevância, registravam as peripécias do homem-cão em episódios semelhantes a este: "Durante um banquete algumas pessoas lançaram-lhe ossos como a um cão; levantando-se, o filósofo urinou sobre os ossos, como faria um cão" (Laércio, 1987, p. 164 [VI, 2. 46]).[120]

Sloterdijk sugere, ainda a propósito da questão do diálogo, que a atuação de Diógenes deve ser pensada à luz da de Sócrates. No que toca à oposição entre os dois, as considerações são óbvias: Sócrates convoca todos os seus adversários para um diálogo, pois é no âmbito das palavras que vence sofistas e materialistas teóricos. Por seu turno, Diógenes fala de "outra maneira" e, como nota Sloterdijk, Platão não

119. Na tradução portuguesa, o verbo "servir" corresponde, no original, à forma verbal ἐχρῆτο, imperfeito do verbo χράομαι (*usar*; *fazer uso*).
120. No original, o correspondente, em grego, à palavra portuguesa "cão", é, como já notámos, "κύων". Ou ainda, p. 167: "Certa vez Alexandre o encontrou e exclamou: "Sou Alexandre, o grande rei"; "E eu", disse ele, "sou Diôgenes, o cão" (VI, 2, 60. A palavra "κύων" volta a repetir-se: "ἐγώ εἰμι Ἀλέξανδρος ὁ μέγας βασιλεύς, κἀγώ, φησί, Διογένης ὁ κύων").

tem outra solução senão difamá-lo.[121] Dito de outro modo, enquanto Sócrates depende do diálogo no plano do inteligível para provar uma ou mais teorias igualmente cerebrais, Diógenes administra ativamente a soberania do corpo e dos gestos.

No entanto, pensar Sócrates e Diógenes apenas como opostos seria redutor, e é Platão quem começa por introduzir a controvérsia, quando chama ao segundo Σωκράτης μαινόμενος (*Sócrates enlouquecido*).[122] Ao designar por *Sokratés* Diógenes, Platão está a colocar os dois – mestre e adversário – no mesmo patamar. A forma de comunicação utilizada por Diógenes é tão legítima como aquela que Sócrates põe em prática nos diálogos platônicos.[123] "Apesar de todas as suas grosserias, Diógenes não está crispado na oposição nem fixado na contradição; a sua vida é marcada por uma certeza de si humorística que só pertence a espíritos soberanos" (Sloterdijk, 2011, p. 149). Por encontrar na mesma expressão ("Sócrates enlouquecido") semelhanças entre os dois, George Steiner negará também a existência de um Sócrates puramente idealista.[124]

---

121. São conhecidos os insultos trocados entre Diógenes e Platão (cf. Laércio, VI, 2. 25, 26, 40, 41, 53, 54, 58, 67). Nos registros de Laércio, a vitória pertence quase exclusivamente a Diógenes que, em sarcasmo e descaramento, supera Platão.

122. "Alguém perguntou: 'Que espécie de homem pensas que Diôgenes é?' A resposta de Platão foi: 'Um Sócrates demente'" [VI, 2. 54: "Ερωτηθεὶς ὑπό τινος, ποῖός τίς σοι Διογένης δοκεῖ; Σωκράτης, εἶπε, μαινόμενος"] (Laércio, 1987, p. 165).

123. Ainda sobre a legitimidade de Diógenes de Sínope, há de se lembrar, de novo, as palavras de Laércio (1987, p. 160 [VI, 2. 32]): "Conta-se que Alexandre, o Grande, disse que se não tivesse nascido Alexandre gostaria de ter nascido Diógenes". Note-se ainda que essa não é a única interação entre Alexandre e Diógenes: "Enquanto em certa ocasião o filósofo tomava sol no Cranêion, Alexandre, o Grande, chegou, pôs-se à sua frente e falou: 'Pede-me o que quiseres!' Diógenes respondeu: 'Deixa-me o meu sol!'" (Laércio, 1987, p. 161-162 [VI, 2. 38]). Aquilo que Mário da Gama Kury traduz por "Deixa-me o meu sol!" corresponde, em grego, a "ἀποσκότησόν μου". Penso ainda em Plutarco na vida de Alexandre, XII, "ἀπὸ τοῦ ἡλίου μετάστηθι". Ou ainda em Cícero nas *Tusculanas*, 5. 92: "Nunc quidem paululum a sole".

124. "Mas como avaliar o grau de ironia e de autoprovocação do 'daimonismo' de Sócrates e/ou, mais precisamente, na narrativa de Platão? Teriam os adversários do Mestre razão ao acusá-lo de uma posição ambígua, possivelmente negativa ou anárquica, perante a fé tradicional estabelecida? Certos Padres da Igreja veriam em Sócrates uma criatura do demónio; outros santificá-lo-iam. A estranheza

Nessa linha, o kínico começa por combater os amestramentos sociais da vergonha, contando que os seres humanos estão agrilhoados por ordens profundamente enraizadas nela. Não se trata, pois, de uma crítica infundamentada à sociedade, mas de um desejo de verificação das convenções com base nos princípios da natureza. Os mesmos que legitimam a φύσις, a vertente menos civilizada dos seres humanos, da qual a maioria geralmente se envergonha, e que os kínicos expõem em público com recurso ao corpo. Por isso, dormir, comer, defecar, urinar, ter relações sexuais, masturbar-se são ações que não pertencem exclusivamente ao foro privado nem constituem mais atitudes recaídas na animalidade. Reúnem, antes, todas as condições para que se possa falar de um progresso cultural que, no caso das duas últimas, rompe com a economia sexual conservadora.

Ao interpretar um papel pantomímico, o kínico, além de se impor perante a hierarquia social, está intrinsecamente ligado a uma visão filantrópica do mundo. Por essa razão, Sloterdijk designa-o por *médico*, o instaurador da cura.

Por outro lado, Laércio destaca, a partir das peripécias de Diógenes, o talento do filósofo para demonstrar desprezo. E, assim, a par da afabilidade de alguns dos seus comportamentos, há espaço para uma ética mordaz dirigida aos habitantes da polis.

Tudo isso, na verdade, faz sentido, porque o método pedagógico de Diógenes assenta no riso, e não na análise. Por muito desdenhosas que possam ser, então, as suas atitudes, elas sugerem sempre uma lição e suscitam a admiração e a gargalhada: "Vendo um lutador estúpido que praticava a medicina, [Diógenes] disse-lhe: 'Que significa isto? Queres mandar para o outro mundo aqueles que te vencem nas competições?'" (Laércio, 1987, p. 168 [VI, 2. 62]).

Contrariando, desse modo, o *esprit de sérieux*, o kinismo desenvolve uma estreita relação com o humor e, pela mesma razão, Diógenes é representado junto de Demócrito (*vide* "Diógenes, Demócrito e dois

persiste" (Steiner, 2005, p. 39). Ou mais adiante: "O ensino de Sócrates é uma recusa de ensinar" (Steiner, 2005, p. 44).

parvos à roda do globo terrestre", *Narrenschiff*, 1497).[125] Ora, ao escárnio que Diógenes ou Demócrito empregam, Sloterdijk acrescenta ainda que, caso não fosse o movimento *hippie*, não poderíamos compreendê-lo. Dentro dessa lógica, o movimento *hippie* destaca-se por ser um dos últimos vestígios do kinismo e, curiosamente, Diógenes, designado por alguns como "*post-bohemian hippie*" (cf. Ludmer, 2004, p. 310),[126] desempenha um papel semelhante ao de Bernardo na poesia de Manoel:

> Os hippies o imitam por todo o mundo. Não faz entretanto brasão de seu pioneirismo. Isso de entortar pente no cabelo intratável ele pratica de velho. A adesão pura à natureza e a inocência nasceram com ele.[127]

Há, no entanto, de se considerar primeiro outras personagens que, embora não tão destacadas por Manoel, introduzem e exploram a poesia como um registro kínico. A começar por passagens tão provocadoras como "Escrevo o idioleto manoelês archaico (Idioleto é o dialeto que os idiotas usam para falar com as paredes e com as moscas) (...) O que ponho de cerebral nos meus escritos é apenas uma vigilância pra não cair na tentação de me achar menos tolo que os outros. Sou

---

125. Com efeito, na carta de Hipócrates a Damageto, Demócrito aproxima-se mais do que nunca do sarcasmo a que Diógenes recorre nas ruas de Atenas. Ao afastar-se da polis para compreender a natureza da bílis negra, Demócrito faz com que a população de Abdera peça auxílio a Hipócrates. Chegado, Hipócrates é informado do paradeiro do filósofo, que se encontrava nas montanhas, e do seu riso impróprio e frequente. O riso de Demócrito é, na verdade, aquilo que mais intriga Hipócrates, pois ante qualquer constatação ou dúvida do médico, o filósofo ri mais. A explicação é breve: Demócrito confessa a Hipócrates que ri da imprudência inevitável dos seres humanos. E o riso nada mais é do que o resultado do confronto do indivíduo com as suas limitações e expressão da imperfeição individual ou coletiva. A referida carta de Hipócrates a Damagetus não é, segundo a maioria dos críticos, da autoria de Hipócrates e pode ser encontrada em Pigeaud (1989).

126. Ainda sobre esse assunto, *vide* o estudo de Willy Hochkeppel sobre o paralelo entre o kinismo antigo e o movimento *hippie* e alternativo: *Mit zynischen Lächeln. Über die Hippies der antike*, 1980.

127. LPC, 222-223.

bem conceituado para parvo. Disso forneço certificado".[128] Ou "Um dia me chamaram *primitivo*:/ Eu tive um êxtase",[129] em que "primitivo" nos reporta, pelo seu significado, até ao idiota das primeiras comunidades e em que o segundo verso, seguido de "Igual a quando chamaram Fellini de *palhaço*:/ E Fellini teve um êxtase",[130] nos leva a considerar o tom humorístico. "Primitivo", que começa por evocar a relação que Manoel estabelece com a origem, cruza-se com "palhaço", que é sinônimo do idiota social. De resto, é a reação de Manoel e Fellini que suscita o riso, porque estar deslocado não implica a autorrepressão mas o autoelogio como uma posição bem definida. Tão esclarecedores como estes são também os versos "me elogiaram de imbecil./ Fiquei emocionado e chorei./ Sou fraco para elogios".[131] O riso, despertado, num primeiro momento, pela associação do adjetivo "imbecil" – convencionalmente negativo – à forma verbal "elogiar" – convencionalmente positiva –, perdura na imprevisibilidade da reação emocional, que é o choro comovido.

Nesse contexto, a lista de desheróis é especialmente relevante, pois, a par de Bernardo, Manoel desenvolve a figura do kínico antigo sob várias perspectivas. A série "Postais da cidade" (*Poemas Concebidos sem Pecado*, 1937) representa o primeiro exemplo desse raciocínio. E embora entenda que nem todas as personagens possam nele incluir-se, as semelhanças são incontestáveis a partir da leitura de "A draga" ou "Dona Maria". "A draga" é, com efeito, o primeiro poema em que, além de revelar um comportamento desviante, o protagonista, Mário-pega-sapo, vive na rua:

> Ele de noite se arrastava pela beira das casas como um
> caranguejo trôpego
> À procura de velórios.
> Gostava de velórios.

128. LSN, 346.
129. RAQC, 379.
130. *Idem*, 380.
131. TGGI, 411.

Os bolsos de seu casaco andavam estufados de jias.
Ele esfregava no rosto as suas barriguinhas frias.
Geleia de sapos!
Só as crianças e as putas do jardim entendiam a sua fala
de furnas brenhentas.[132]

As questões que poemas como "Dona Maria" levantam serão, de resto, exploradas em textos como "Com os loucos de água e estandarte" (*Matéria de Poesia*, 1970). À semelhança de Mário-pega-sapo e Dona Maria, João também não vive em sociedade e lança-se, além disso, contra o código social: "tinha recomendado às/ autoridades um embrulhinho de fezes que/ deixara sobre a estante".[133] Kínico, João não tem igualmente por que esconder o órgão sexual ("Palavras desceram no enxurro/ Usava-se a cara conforme o cuspe/ Certas palavras pediam para mostrar os pentelhos")[134] e é também sinônimo de poesia: "– Você sabe o que faz pra virar poesia, (…)?/ – A gente é preciso de ser traste".[135] Marcada pela errância gramatical, a personagem acrescenta à lista ("idiota", "primitivo" e "palhaço") a palavra "traste", cujo significado Manoel retoma em livros como *Arranjos para Assobio* (1980), em que o traste de "Sábia com trevas" diz apenas preocupar-se com as "coisas inúteis".[136]

De fato, *Arranjos para Assobio* é, entre os volumes de Manoel, aquele que mais aprofunda o significado de "traste". Ao ponto de considerar a "teologia do traste" que, num primeiro momento, integra os bens do poeta[137] para, logo depois, ser discriminada num processo muito semelhante àquele que Claudia Cortez (2000, p. 3) aponta sobre os processos de formação de palavras: "Barros inventa novas palavras a

---

132. PCSP, 28-29.
133. MP, 163.
134. *Idem*, 162.
135. *Idem*, 161.
136. APA, 177.
137. "Os bens do poeta: um fazedor de inutensílios, um travador de amanhecer, uma *teologia do traste*, uma folha de assobiar, um alicate cremoso, uma escória de brilhantes, um *parafuso de veludo* e um lado primaveril" (APA, 184).

partir de palavras antigas que, de tão gastas, já não representam nada, ou daquelas palavras prostituídas".[138] Isto é, da mesma forma que o combate à convenção corresponde em Diógenes à invenção de outro registro dialogal, em Manoel a reinvenção do código linguístico corresponde a outro modo de escrever:

> *Teologia do traste* – Manuscrito do mesmo nome, contendo 29 páginas, que foi encontrado nas ruínas de um coreto, na cidade de Corumbá, por certo ancião, pessoa saudavelmente insana de poesia, que sobre as ruínas do coreto BROTAVAM ÁRVORES / OBRAVAM POBRES / MORAVAM SAPOS / TREPAVAM ERVAS / CANTAVAM PÁSSAROS. E que, ali, o cansanção era muito desenvolvido, bem como o amarra-pinto e o guspe-de-taquarizano.[139]

Entradas de significado vão tornar-se, a partir de *Arranjos para Assobio*, bastante comuns e mencionarão objetos, manuscritos ou conceitos que não existem. A poesia kínica não diz, porém, mais respeito aos elementos que a comunidade lê, vê ou entende, mas ao irregistrável. Além disto, o questionamento da existência de manuscritos como *Teologia do Traste* põe em causa outros termos cujos significados o leitor desinformado não dominará. São eles "cansanção", "amarra-pinto", "guspe-de-taquarizano" e designam três tipos diferentes de ervas rasteiras e/ou vegetais comuns no Brasil. No fundo, um exercício: a invenção questiona, num primeiro momento, a veracidade dos elementos. E a veracidade dos elementos considera, num segundo momento, a possibilidade de aquilo que era inventado realmente existir. Ou, como escreve Marcelo Marinho (2009, p. 7), "o poeta serve-se da linguagem regional para, inicialmente, desconstruir a gramática estática e rígida que acon-

---

138. Claudia Cortez refere-se concretamente às variações fonéticas, à derivação sufixal e à justaposição.
139. APA, 184.

diciona as ideias (e o universo) em fôrmas estanques e pouco maleáveis". A "cultura regional é um fator simbólico extremamente representativo de uma inovadora concepção do universo" (p. 8).[140]

Por isso, a resposta de João e a afirmação do "homem que estudava formigas e tendia para/ pedras" reclamam o estatuto de uma poesia kínica, que, além de não acolher pretensões hierarquicamente sociais, as denuncia, "sempre de modo sutil" – citando Kyldes Batista Vicente – em volumes como *Gramática Expositiva do Chão* (2013). Entre as várias hipóteses que a publicação de 1966 reúne, o melhor exemplo é a sua parte V, "A máquina: a máquina segundo H.V., o jornalista", cujo uso das iniciais convoca, numa primeira leitura, *A Paixão Segundo G.H.* (1964) de Clarice Lispector, para, mais tarde, desconstruir a humanidade da protagonista, G.H., por meio da desumanidade da máquina:

> A Máquina mói carne
> trabalha com secos e molhados
> é ninfômana
> agarra seus homens
> vai a chás de caridade
> ajuda os mais fracos a passarem fome
> e dá às crianças o direito inalienável ao
> sofrimento[141]

A esse propósito, Kyldes Batista Vicente mostra que a imagem da sociedade e a imagem da máquina são indissociáveis, por meio

---

140. É neste ponto que as considerações sobre a questão do regionalismo em João Guimarães Rosa se poderiam aplicar a Manoel de Barros. Davi Arrigucci Júnior, em *O mundo Misturado: Romance e Experiência em Guimarães Rosa* (1994), defende que a linguagem imita o mundo que lhe serve de referência, transfundindo-o e transfigurando-o. Arrigucci (1994) fala de um espaço geográfico que, pelas suas características – em geral, relativas ao sertanejo –, evoca o universo de todos os seres e de todas as questões que lhe podem corresponder. Este "regionalismo cósmico" – expressão de Harry Levin (*James Joyce: A Critical Introduction*, 1941) – aplica-se evidentemente ao projeto poético de Manoel.
141. GEDC, 147-148.

do recurso às "ideias antagônicas, materiais e sobrenaturais" (Vicente, 2013), e defende o uso de um disfarce cômico vinculado ao engajamento social.[142] Convém igualmente admitir que a correspondência entre a poesia kínica de Manoel e o papel interventivo era já mais do que evidente em poemas como "Maria-pelego-preto", publicado em 1937, ou "Dorowa", de 1942. Ou até em textos posteriores, como "Desejar ser", parte II: "Prefiro as máquinas que servem para não funcionar: quando cheias de areia de formiga e musgo elas podem um dia milagrar de flores".[143] Maria Izabel Brunacci associa ainda a inclusão de temáticas baixas na poesia à função social, recorrendo àquele que, a esse propósito, é o exemplo mais pertinente entre os poemas de Manoel: "Matéria de poesia".[144] Sobre o poema de 1970, Brunacci (2002, p. 47) escreve que nele "temos a fixação da estética de seu fazer poético a partir das coisas cotidianas imunes à impregnação pelas relações de valor da forma mercadoria". E, com efeito, "Matéria de poesia" resume praticamente todos os pontos que associamos hoje ao kinismo antigo:

a) Abolição da hierarquia dos objetos ("Todas as coisas cujos valores podem ser/ disputados no cuspe à distância/ servem para poesia");[145]

b) Fim da ambição social ("Tudo aquilo que nos leva a coisa nenhuma/ e que você não pode vender no mercado");

c) Abolição da hierarquia social ("Pessoas desimportantes/ dão pra poesia/ qualquer pessoa ou escada");

d) Kínico, o socialmente excluído ("As coisas jogadas fora/ têm grande importância/ – como um homem jogado fora");

142. "Vê-se, então, uma poética engajada na problemática social, especialmente na conclusão do poema, em que a fome supera conceitos morais da família e da pátria. O disfarce cômico questiona o leitor acerca da condição da família e da sociedade" (Vicente, 2013).

143. LSN, 350.

144. MP, 153-158.

145. A esse propósito, notamos que a figura de Diógenes de Sínope dá nome ao *Síndrome de Diógenes* (*Diogenes Syndrome*, Clark, 1975) que, entre vários aspectos de um longo diagnóstico, diz respeito à acumulação e/ou colecionismo de objetos desnecessários (*Syllogomania*) (cf. Amanullah, Oomman e Datta, s/d, p. 38-45).

e) Recurso ao humor ("Mesmo sem fome, comer as botas. O resto em Carlitos" – referência direta a Charles Chaplin);

f) Adoção de outra forma de diálogo ("Muita coisa se poderia fazer em favor da poesia:/ [...] Não usar colarinho duro. A fala de furnas brenhentas de Mário-pega-sapo era nua. Por isso as crianças e as putas do jardim o entendiam");

g) Abordagem do objeto da repugnância ("Deixar os substantivos passarem anos no esterco,/ deitados de barriga, até que eles possam carrear/ para o poema um gosto de chão");

h) Relação do kínico com a criança ("Então – os meninos descobrirem que amor/ Que amor com amor/ Que um homem riachoso escutava os sapos");

i) Necessidades escatológicas ou comportamentos de ordem sexual ("Um garoto emendava uma casa na outra com urina"; "Atrás de um banheiro de tábuas a poesia/ Tirava as calcinhas pra eles").

Sobre esse último ponto, *Livro sobre Nada* (1996) reúne a passagem mais exemplificativa, pois, além de conservar a naturalidade com que se expõe a nudez e a urina, associa-lhes a figura do idiota e da criança:

> Idiotas de estrada gostam de urinar em morrinhos de
> formigas. Apreciam de ver as formigas correndo de um
> canto para outro, maluquinhas, sem calças, como as
> crianças. Dizem eles que estão infantilizando as
> formigas. Pode ser.[146]

Ora, sobre a questão da exposição do corpo, Merleau-Ponty nota que há dois tipos de reação por parte daquele que expõe: a do temor e a do fascínio.[147] No que diz respeito ao kinismo e a Manoel, interessa, sobre-

---

146. LSN, 252. Não esqueço, porém, que em publicações anteriores existem também passagens bastante pertinentes para pensar a menção às fezes: "– Quem é sua poesia?/ – [...] Um menino que obrava atrás de Cuiabá" (APA, 186).

147. "Comumente o homem não mostra seu corpo e, quando o faz, é ora com temor, ora com a intenção de fascinar. Parece-lhe que o olhar estranho que per-

tudo, refletir sobre o fascínio que, então aplicado à poesia, pode gerar dinâmicas de ordem sexual entre leitor e palavra ou autor e palavra. No primeiro caso, o fascínio do leitor pelo texto – o que, em Merleau-Ponty, equivale ao domínio do texto sobre o leitor – e, no segundo caso, o fascínio do autor pelo próprio texto equivale ao domínio do texto sobre o autor. São várias as ocorrências do último caso:

> Sou [...] a palavra com febre, decaída, fodida, na
> sarjeta.
> Sou mais a palavra ao ponto de entulho.
> Amo arrastar algumas no caco de vidro, envergá-las
> pro chão, corrompê-las
> até que padeçam de mim e me sujem de branco.
> Sonho exercer com elas o ofício de criado:
> usá-las como quem usa brincos.[148]

Com a mesma naturalidade de Diógenes, que expunha livremente o órgão sexual, a repetida sugestão da relação sexual entre autor e palavra coloca Manoel de Barros, uma vez mais, no grupo dos kínicos. Tal evidência leva críticos como Marinei Almeida a defender que a carga erótica está presente e se desenvolve ao longo de todas as publicações de Manoel, aspecto com o qual não concordo inteiramente e sobre o qual acrescento que, embora manifesto na grande parte dos títulos, publicações como *O Fazedor de Amanhecer* (2001), *Cantigas por Um Passarinho à Toa* (2003), *Poeminha em Língua de Brincar* (2007) ou *Escritos em Verbal de Ave* (2011) não abarcam a temática erótica.[149] É,

---

corre seu corpo rouba-o de si mesmo ou que, ao contrário, a exposição de seu corpo vai entregar-lhe o outro sem defesa, e agora é o outro que será reduzido à escravidão. Portanto, o pudor e o despudor têm lugar em uma dialética do eu e do outro que é a do senhor e do escravo" (Merleau-Ponty, 1999, p. 230).

148. APA, 180.

149. Cito Marinei Almeida (2010, p. 161-168): "O curioso é que, ao relermos todas as 21 obras de Manoel de Barros para a realização deste artigo, constatamos que em todas elas comparece o erótico". Noto que, comparativamente a publicações como *Poemas Concebidos sem Pecado* (1937), primeira publicação de Manoel,

ainda assim, necessário pensar o projeto poético de Manoel como um projeto assumidamente corporal:

> – Para entender nós temos dois caminhos: o da
> sensibilidade que é o entendimento do corpo; e o da
> inteligência que é o entendimento do espírito.
> Eu escrevo com o corpo
> Poesia não é para compreender mas para incorporar
> Entender é parede: procure ser uma árvore.[150]

O CORPO

a) A cabeça

Desvio temático: bathos e *desobjeto*

Crabbia Horrida
Edward Lear

---

em que esta manifestação é clara (*vide* "Cabeludinho", "Maria-pelego-preto", "Raphael" ou "Informações sobre a musa"), ou a publicações mais tardias, como *Poemas Rupestres* (2004), base de artigos tão fundamentais como "Arte, erotismo e representação do universo: da pintura rupestre a Manoel de Barros" (Melotto; Marinho, 2009), os volumes que menciono não reúnem exemplos suficientes para que neles se possa defender a presença do erótico. Reparo ainda que o artigo de Marinei Almeida foi publicado antes de *Escritos em Verbal de Ave*.

150. APA, 186.

Em *Peri Bathous or The Art of Sinking in Poetry* (1727) de Alexander Pope, a palavra βάθος que, em grego, significava "profundidade" (*depth*, no sentido de uma descida em direção à terra), designa, contrariamente ao cânone literário – que contempla, sobretudo, as literaturas grega e romana –, um novo ramo da poesia moderna. *Peri bathous* partilha uma intenção oposta àquela que encontramos em *Do Sublime* (originalmente Περὶ ὕψους, *Peri Hypsos*), ao articular o estilo poético elevado, o único considerado por Longino, com o estilo poético baixo.[151]

Sirvo-me, a partir de Pope, do cenário onde, no alto, estão aqueles que vivem no Parnaso e atormentam os que, embaixo, procuram atribuir um valor aos objetos ordinários e banais. Primeiros e segundos correspondem, respectivamente, aos autores canônicos e aos novos autores que, cientes da tradição literária anterior, já não têm mais lugar sobre a cidade de Delfos. Aos primeiros, Pope associa o registro elevado, também relacionado com o termo grego πάθος, quer dizer, o "padecer", e, aos segundos, o registro baixo que passará a relacionar-se com βάθος, isto é, o corte com o πάθος. Hoje, a existência, por via direta, das duas palavras na língua inglesa pode, inclusive, auxiliar-nos na compreensão dessas considerações. São elas "*pathetic*", que suscita ou evoca um sentimento de "pena" (*pity*) e "*bathetic*", que reproduz exageradamente o conjunto de ações ligadas a "*pathetic*", passando assim a ser "ridículo" (*hokey* ou ainda *kitschy*).[152] Nesse aspecto, o significado da palavra portuguesa "patético", já não intimamente ligada

---

151. A palavra latina *altus*, que significa simultaneamente "alto" e "baixo", pode muito bem expor, com precisão, o objetivo de Pope.
Peri Bathous or *The Art of Sinking in Poetry* questiona, na verdade, uma longa tradição secular e é igualmente contrariado por ensaios mais tardios e tão importantes como *Ueber das pathetische* (*Do Patético*, 1793) de Schiller, que, à semelhança de Longino, atribuem à considerada *boa* arte o talento de despertar o sofrimento (*pathos*) no leitor/espectador. Leio, pois, na tradução inglesa: "*The* sensuous being *must suffer deeply and vehemently, the pathos must be present, so that rational being can be testify to its independence and, by acting, can present itself*" (Schiller, 2005, p. 45).

152. Além disso, segundo Oxford Dictionaries Online (<http://oxforddictionaries.com/>), "*bathos*" significa, nos dias de hoje, "*an effect of anticlimax created by an unintentional lapse in mood from the sublime to the trivial or ridiculous*".

ao seu significado etimológico, pode também auxiliar-nos, visto que, num número significativo de contextos, é sinônimo de palavras como "insignificante" ou "irrisório".

Ora, aquilo que aparentemente começa por representar a soberania dos autores canônicos em relação aos poetas modernos desdobra-se numa série de argumentos que defenderão a igual qualidade dos últimos ou até mesmo a sua superioridade em relação aos primeiros. Cito Pope: "[são] os habitantes do alto do Parnaso, aqueles que, tirando partido do solo ascendente, nos lançam perpetuamente o lixo, a sujidade e as pedras, não nos permitindo viver em paz".[153] E prossigo lendo que "enquanto desfrutam das águas cristalinas do Hélicon, invejam o curso natural da nossa água que, graças às nossas estrelas, embora um tanto lamacenta, corre em muito mais abundância".[154]

A afirmação não se resume apenas à certeza de pertencer aos arredores do Parnaso, mas à vaidade de, contrariamente aos clássicos, integrar o "*common sense*". O mesmo senso comum que, segundo ele, repercute os ensinamentos ligados aos objetos literariamente repudiados.[155] A crítica de Pope voltará, de resto, a repetir-se com, por exemplo, Barthes que, em 1966, também censurará a postura de alguns autores bem como a de alguns críticos em relação às situações banais.[156]

---

153. "[...] *inhabitants of the upper Parnassus, who taking advantage of the rising ground are perpetually throwing down rubbish, dirt and stones upon us, never suffering us to live in peace*" (Pope, 2009, p. 5).

154. "*These men, while they enjoy the crystal stream of Helicon, envy us our common water, which – thank our stars – though it is somewhat muddy, flows in much greater abundance*" (Pope, 2009, p. 5).

155. "*But all that lies between these, as corn, flowers, fruits, animals and things for the mere use of man are of mean price, and so common as not to be greatly esteemed by the curious, it being certain that anything of which we know the true use cannot be invaluable – which affords a solution why common sense hath either been totally despised or held in small repute*" (Pope, 2009, p. 12).

156. Nota Barthes que a opção de não incluir as denominadas "situações banais" na literatura está estritamente ligada ao verosímil autor e/ou crítico que, antes de tudo, entende que as palavras devem preservar a sua significação, partindo do princípio de que a palavra tem apenas um sentido: o legítimo. Ao não concordar que as palavras possam deixar de "ter valor referencial, possuindo apenas um valor de mercado: servem para comunicar, como na mais chã das transações, e não

A opção estética de Pope reflete-se na posição epistemológica de Manoel que, além de reclamar orgulhosamente o estatuto de idiota, defende, como já fiz notar, outro tipo de conhecimento – o *des*conhecimento:

FORMIGAS

Não precisei de ler São Paulo, Santo Agostinho,
São Jerônimo, nem Tomás de Aquino, nem São
Francisco de Assis –
Para chegar a Deus.
Formigas me mostraram a Ele.

(Eu tenho doutorado em formigas.)[157]

A presença de exemplos que, à semelhança deste, exploram a questão do conhecimento *versus* desconhecimento ou a não tão óbvia erudição do segundo (*cf.*, a título de exemplo, "A descoberta"),[158] regulariza-se ao longo das vinte e quatro publicações de Manoel. "Formigas" também exemplifica a quebra entre dois elementos descrita por Pope a propósito do *bathos*, por, nos primeiros quatro versos, fazer referência a cinco autores canônicos e, nos três seguintes, desconstruir a legitimidade literária que vinha sequencialmente montando.[159] Dito de outro modo, trata-se de confrontar um elemento – *hypsos* – a que se confere um tom elevado com um elemento – *bathos* – a que convencionalmente se atribui um tom não elevado. *E.g.*, "São Paulo" (+1) + "for-

para sugerir", Barthes (2007, p. 16-21) repara que, menos entorpecida, a literatura continuou, ante o "código da letra", a transformar a relação corrente – a banalidade, portanto –, numa relação fundamental e esta numa relação escandalosa.

157. EF, 400.

158. MP, 1970.

159. A figura de São Francisco de Assis destaca-se. Note-se que há uma quebra no verso, provavelmente intencional, que separa, ao contrário dos nomes anteriores, "São" e "Francisco de Assis". São Francisco é, em ordem decrescente, aquele que mais se aproxima das formigas. A relação de Francisco de Assis com os animais é, de resto, mais do que conhecida (*Cantico Delle Creature*, 1228).

migas" (-1) = -1. Ou ainda: "Para atingir sua expressão fontana/ Miró precisava esquecer os traços e as doutrinas/ que aprendera nos livros/ (...) Depois depositava sobre o enterro uma nobre/ mijada florestal.[160] Isto é, "traços"/ "doutrinas"/ "livros"/ "expressão" (+1) + "mijada" (-1) = -1. A lista permite, na verdade, fazer menção a uma negatividade linguística:[161] "Catedral" (+1) + "cisco" (-1) = -1;[162] "Homem douto"/ "física quântica" (+1) + "latas"/ "barbante sujo" (-1) = -1.[163]

Além do mais, a introdução dos objetos banais no quadro poético questiona a validade do poema como um instrumento útil. O poema, que é uma consequência corporal, não serve ou servirá para absolutamente nada. Expressões como "Hora de iniciar algum [poema]/ convém se vestir roupa de trapo./ Há quem se jogue debaixo de carro/ nos primeiros instantes/ (...) Ninguém é pai de um poema sem morrer",[164] que levam, claro está, a "O poema é antes de tudo um inutensílio"[165] ou ainda "Pra mim é uma coisa que serve de nada o poema/ enquanto vida houver"[166] apagam, de modo gradual, a função comunicativa da linguagem.

O poema é inútil. E por que razão mais defenderia Manoel no *Guardador de Águas* (1989) que "escrever nem uma coisa/ Nem outra –/ A fim de dizer todas –/ Ou, pelo menos, nenhumas"?[167] Ou, mais tarde, já em 1996, afirmaria "que [nasceu] para administrar o à toa/ o em vão/ o inútil"?[168]

De fato, a inutilidade, tópico frequente especialmente a partir de *Matéria de Poesia* (1970), que acaba por transformar-se em *des*utilidade, prende-se com a função ou *des*função de um determinado objeto. Com efeito, "o que define um utensílio e determina seu tempo de vida

---

160. EF, 393.
161. Termo original de Jean Cohen, "*négativité du langage*" (*Structure du Langage Poétique*, 1966).
162. RDAQC, 368.
163. *Idem*, 375.
164. APA, 182.
165. *Ibidem*.
166. *Ibidem*.
167. OGA, 272.
168. LSN, 348.

(durabilidade) é a capacidade apresentada por ele para realizar tarefas que poupem ou aprimorem os esforços humanos. As ferramentas, instrumentos e utensílios são elaborados a fim de potencializar o poder do corpo humano" (Rodrigues, 2006, p. 81). Justamente por quebrar a lógica da cadeia necessidade-objeto-execução, a poesia de Manoel rompe, seguindo a lógica de Ricardo Alexandre Rodrigues, o hábito do olho humano. Mais: quando Rodrigues se refere ao olho humano, faz, ao mesmo tempo, menção a um dos pontos mais fundamentais da convencionalidade linguística, que é o da atribuição dos nomes às coisas. Ora, porque é maquinal e repetitiva, a classificação não prevê objetos desconhecidos e, nessa ordem de ideias, pode falar-se do "anormal, louco, monstro, marginal, etc e deixado de lado" (Rodrigues, 2006, p. 82). Debruçar-se sobre a exceção não implica, contudo, violar as leis da linguagem, e sim ampliar o campo de aplicação de uma regra existente.[169]

Claro está que Manoel ultrapassa a lógica do utilitarismo e problematiza, no mesmo sentido, conceitos igualmente automatizados como, por exemplo, a imagem. Nota Octavio Paz que o sentido da imagem reside na própria imagem[170] (*figura = imagem poética*) e é por meio dessa equivalência que Manoel redimensiona as possibilidades do εἰκών a partir do εἰκός, ou seja, respectivamente a "imagem do imaginável" (Lombardo, 2003, p. 117).[171] Também nesse contexto, o sacrifício do sentido permite a fusão entre objeto e palavra, e o resultado da fusão não corresponde mais à soma de ambas as partes, mas a um terceiro

---

169. Parafraseio, na verdade, Mitsou Ronat (1975, p. 99) em "Action poétique": "*la poésie ne viole jamais les lois de la langue,* [...] *ne sort jamais de la langue. Tout au plus, elle peut déplacer, à la manière des schizophrènes, le champ d'application d'une règle existante*".

170. Parafraseando Paz (1996, p. 42), em "A imagem": "A imagem explica-se a si mesma. Nada, exceto ela, pode dizer o que ela quer dizer. Sentido e imagem são a mesma coisa".

171. "A arte em geral, e a poesia em particular, convertem-se de facto, como evidenciou Giovanni Lombardo, no *eikon* do *eikos*, isto é, na imagem do imaginável, e é graças a este movimento que o poeta pode ser denominado εἰκονός, 'fazedor de imagens', como o é efectivamente numa passagem da *Poética*" (Frias, 2009, p. 30-31).

termo independente obtido a partir dos dois. Pela mesma razão, críticos como Vânia Vasconcelos apontam a criação de uma "linguagem-objeto" ligada ao mundo "não-linguístico", em que a comunicação não é mais necessidade por prender-se exclusivamente com o fazer poético.[172] Já Manoel chama "casamento incestuoso"[173] ao processo que quer identificar na imagem poética a reconciliação entre signos opostos. O expoente desse processo é o *des*objeto.

Além de acentuar o caráter lúdico do processo poético, o desobjeto acelera a sequência assinalada por Agamben que, em *Enfance et Histoire* (1978), aproxima a degradação/elevação do objeto da sua transformação em brinquedo. Segundo Agamben, o brinquedo — objeto sem função utilitária — joga em simultâneo com a sincronia (αἰών) e a diacronia (κρόνος), está entre o "uma vez" e o "agora não mais".[174]

Em termos gerais, o desobjeto diz respeito a dois tipos de passagem: 1. Menção a um objeto que teve uma função prática e que, por motivos de ordem temporal, já não tem; 2. Menção a um ou mais objetos que, pelo processo da fusão, formam um objeto que convencionalmente não existe.

---

172. Em muito influenciada pela abordagem semiótica, sobretudo pelo pensamento de Charles Sanders Peirce, Vânia Vasconcelos (2010, p. 15) encontra no considerável conjunto de poemas metalinguísticos uma das principais justificações da agramaticalidade: "Há uma comunhão do poeta com a sua temática e sua linguagem que se insere na sua intenção poética do sensível e de fuga a tudo que é normal e gramaticalmente correto: esta coerência é expressa a partir de poemas metalinguísticos em quase toda a sua obra".

173. TGGI, 407. Para uma reflexão sobre o possível papel do neologismo neste processo, cf. "O neologismo como recurso pós-moderno na poética de Manoel de Barros" de Waleska Martins e Kelcilene Grácia-Rodrigues (2009, p. 33-47).

174. Para compreender melhor a diferença entre αἰών (*aion*) e χρόνος (*chrónos*), recordo a célebre passagem de Heraclito, na qual, referindo-se ao primeiro, αἰών, escreve: "O tempo é uma criança que joga com os dados para lá e para cá" [fr. 52: αἰὼν παῖς ἐστι παίζων πεσσεύων·]. Ou Homero, que, ao associar com certa frequência αἰών (na forma arcaica, αἰϝών) a ψυχή (*psychê*), nos leva a concluir que *aion* significaria, mais do que o *tempo*, a força vital do ser humano, a sua essência temporalizante? E, por seu turno, *psychê* seria o sopro que animava o corpo e θυμός (*thumós*) a força que movia os membros?

Com base nas datas das publicações de Manoel, em que o primeiro surge consideravelmente antes do segundo, entendo ainda que um cria as condições para que o outro exista. Por outras palavras: a introdução do fim da função utilitária permite a abordagem de um objeto construído a partir do fim da função utilitária.

Até *Gramática Expositiva do Chão* (1966), convém mencionar que os exemplos, ainda longe de serem reunidos em listagens, não bastam para que se fale de um conceito como o desobjeto. Podem, de fato, encontrar-se duas claras referências relativas à perda de um objetivo – ambas metalinguísticas ("toco (...)/ uma viola quebrada/ Surda como uma porta"[175] ; "O poeta/ Procura compor esse inconsútil jorro; Arrumá-lo num poema; e o faz./ (...) Que aconteceu? Isto:/ O homem não se desvendou, nem foi atingido"[176]) –, mas nenhuma suficientemente minuciosa ou aprofundada para que se possa falar ainda de uma *poética da desutilidade*.

1. Publicada em *Gramática Expositiva do Chão* (1966), a primeira passagem consistente sobre o desobjeto abre o poema "Protocolo vegetal":

> 3 bobinas enferrujadas
> 1 rolo de barbante 8 armações de guarda-chuva 1 boi
> de pau 1 lavadeira renga de zinco (escultura inacabada)
> 1 rosto de boneca – metade carbonizado – onde se
> achava pregado um caracol com a sua semente viva
> 3 correntes de latão 1 caixa de papelão contendo pre-
> gos ruelas zíperes e diversas cascas de cigarras estou-
> radas no verão 1 caneco de beber água 1 boneco de
> pano de 50 centímetros de altura com inscrições nas
> costas "O FANTASMA DE OLHOS COSTURADOS" 2 senho-
> ras da zona (esculturas em mangue)[177]

175. PCSP, 37
176. P, 90
177. GEC, 129.

Podemos identificar a maioria dos objetos com certa facilidade: a bobina, o rolo de barbante, a armação de guarda-chuva, o rosto de boneca, as correntes de latão, a caixa de papelão, o prego, o zíper – correspondente, em português de Portugal, a "braguilha" ou "fecho éclair" –, a casca de cigarra, o caneco e o boneco de pano. Existem, além deles, duas esculturas (a lavadeira renga de zinco e as duas senhoras da zona), que, embora comecem por questionar a clareza com que podemos visualizar mentalmente a referida maioria, não marginalizam qualquer padrão lógico.

Assim, sobre esta passagem, a observação digna de nota diz respeito à correspondência entre o nome e o adjetivo que anula a sua função utilitária. Voltamos, portanto, à lógica da negatividade linguística: "bobina" (+1) + "enferrujada" (-1) = -1; "escultura" (+1) + "inacabada" (-1) = -1; "rosto de boneca" (+1) + "carbonizado" (-1) = -1 e "cigarra" (+1) + "estourado" (-1) = -1.

A estranheza cresce quando o poema ultrapassa o limite da flexibilidade lexical. Nenhum desses pares pode constituir um campo conceitual comum: "o pneu o pente/ o chapéu a muleta/ (...)/ a caneta o suspensório/ o capote a bicicleta/ o garfo a corda de enforcar/ o livro maldito a máquina/ o amuleto o bilboquê/ o abridor de lata o escapulário". Ou ocupar o Parnaso:

> A formulação poemática, baseada sobretudo nessa dupla colagem de listas de objetos entremeada por uma série de versos-itens, reflete incisivamente a bem moderna tendência manoelina de aproveitamento de detritos linguísticos e de materiais tidos como imprestáveis para um poema segundo os cânones clássicos. (cf. Stessuk, 2007, p. 71)[178]

---

178. Além disso, essas listas enumerativas, desordenadas e compostas por vocábulos pertencentes a classes diferentes, convocam a "enumeração caótica" proposta por Leo Spitzer. Spitzer defende que Walt Whitman foi o introdutor do caos moderno na imemorial técnica da enumeração ou, se quisermos, o "poeta de catálogo" (*Katalogdichter*). Whitman recupera e reinventa a técnica da enumeração que, com alguma facilidade, encontramos nos Vedas indianos, na literatura da Antiguidade Clássica (*e.g.*, os tão célebres catálogos homéricos), na Bíblia ou na produção literária do Século de Ouro espanhol. Nesse sentido, a "enumeração

Em *Matéria de Poesia*, publicado quatro anos depois, a perda de função do objeto é claramente legitimada. Não por acaso metalinguístico, como observa Vânia Vasconcelos, "Matéria de poesia" enumera de modo exaustivo os componentes que devem integrar a linguagem poética. "Cada coisa ordinária é um elemento de estima"[179] e, além do mais,

> O que se encontra em ninho de joão-ferreira:
> caco de vidro, garampos,
> retratos de formatura,
> servem demais para a poesia[180]

Merecedor de comentário é igualmente o modo como, no decorrer dessa longa enumeração, a dimensão dos objetos vai diminuindo até chegar às "coisas que os líquenes comem". Críticos como Júlio Júnior notam, a esse propósito, que o conceito de *ínfimo* se prende com o já aqui mencionado engajamento social.[181] É, no entanto, possível que o

caótica" é uma consequência da exacerbação da "mescla estilística" (*Stilmischung*). Trata-se, nas palavras de Spitzer (1968, p. 258), de uma transição da *democracia humana* para uma paródica e ameaçadora *democracia das coisas*: "*[acercar] violentamente unas a otras las cosas más dispares, lo más exótico y lo más familiar, lo gigantesco y lo minúsculo, la naturaleza y los productos de la civilización humana, como un niño que estuviera hojeando el catálogo de una gran tienda y anotando en desorden los artículos que el azar pusiera bajo su vista*". Ora, no contexto da poesia brasileira, a propósito dessa questão e ao lado de Manoel, figuram, por exemplo, Carlos Drummond de Andrade ("Isso é aquilo", anterior à publicação de *Gramática Expositiva do Chão*, *Lição das Coisas*, 1962) e Murilo Mendes ("Texto de consulta" [*Convergência*, 1970], em que, além de se referir diretamente o conceito de Spitzer, "Enumeração caótica?/ Antes definição", se afirma que "catalogar" é "próprio do homem" (cf. Mendes, 1994, p. 739).

179. MP, 153.

180. *Idem*, 154. Forçoso igualmente reparar que "joão-ferreira" evoca "joão-ferreiro", no poema "Noções sobre joão-ferreiro", em que, à semelhança do que aqui se diz sobre os elementos ordinários, reflete sobre o colecionismo de objetos inúteis: "De dia se esconde o/ joão-ferreiro nos resíduos/ do que procurou –/ à noite no que se escondeu" (CPUP, 113).

181. Na verdade, para Júlio Júnior (2013, p. 433-446), o *ínfimo* é, em Manoel de Barros, sinônimo único da crítica social.

ínfimo possa também dizer respeito ao pormenor que une dois objetos lexical e semanticamente distantes? Ou ao pormenor que, separando os dois objetos lexical e semanticamente distantes, dá lugar a um terceiro objeto?

2. Em "Matéria de poesia", "alicate cremoso" (v. 46) representa o primeiro exemplo do desobjeto construído a partir do fim da função utilitária.

Com base na visão menos tradicional da metáfora, "alicate cremoso" começa por aproximar-se daquilo que defendem teóricos como I. A. Richards ou Carlos Bousoño.[182] Contudo, por não assentar numa relação analógica (identificação das semelhanças entre dois objetos genericamente diferentes), acaba por ilustrar um processo alotópico (oxímoro), uma vez que o sema nuclear do adjetivo contradiz um dos semas nucleares do substantivo.[183] A pertença de uma unidade linguística

182. Se, até à publicação de *The Philosophy of Rhetoric* (*A Filosofia da Retórica*, 1936), a criação metafórica requeria o excelente e elevado domínio da linguagem, depois de Richards passou a requerer não mais do que o domínio natural da fala. Além disso, Richards defendeu que a metáfora não é constituída por "palavras" (*verbal matter*), mas por "conceitos" (*concepts*), visto que a Retórica é, em primeiro lugar, "pensamento" (*thought*), e não "ornamento" (*ornament*). Designou ainda os dois elementos do processo metafórico por "conteúdo" (*tenor*) e "veículo" (*vehicle*), por meio dos quais sustentou que, caso exista cooperação entre eles – note-se que não uma cooperação assente na semelhança –, e, consequentemente, a obtenção de um terceiro elemento, estamos perante uma metáfora (cf. Richards, 1965, p. 119): "*If we cannot distinguish tenor from vehicle then we may provisionally take the word to be literal; if we can distinguish at least two co-operating uses, then we have metaphor*". A prova, aliás, de que a metáfora se pode fundar a partir do afastamento entre "conteúdo" e "veículo" é, à luz de André Breton, partilhada por Richards, quando, ao referir-se à comparação negativa de conceitos (*the opposed conception of comparison*), nota que a anomalia (*aberration*) do resultado agrada bastante à poesia contemporânea. Isso dirá respeito, mais tarde, à definição de Carlos Bousoño (1979, p. 33-34) de *imagem visionária ou simbólica* (interseção de um plano real A com um plano imaginário E) em oposição à definição de *imagem tradicional* (interseção de um plano real A com um plano real B).

183. Para pensar o processo alotópico, é necessário recuar até às considerações do Grupo μ (1990, p. 29-48): "*3) Juxtaposition et composition allotopes. Car des énoncés dits absurdes (*D'incolores idées vertes...*), des assemblages stochastiques,*

a um campo é submetida a um teste de negação, quer dizer, a reformulação negativa *o alicate não é cremoso* fornece uma proposição isotópica. *Alicate* e *cremoso* fazem parte do mesmo campo.

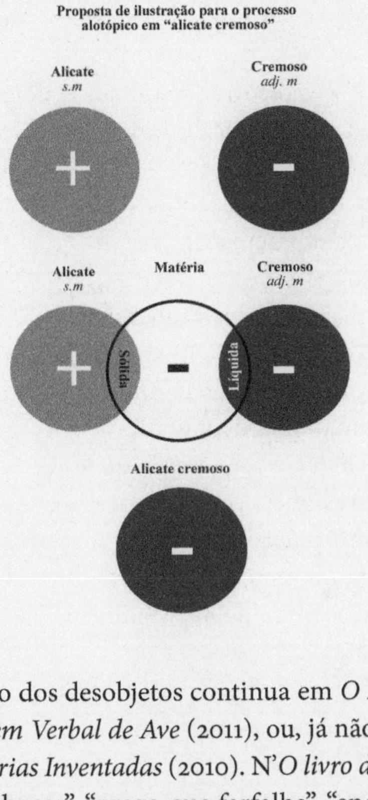

A enunciação dos desobjetos continua em *O Livro das Ignorãças* (1993) e *Escritos em Verbal de Ave* (2011), ou, já não sob a forma de listagem, em *Memórias Inventadas* (2010). N'*O livro das ignorãças*, lemos "abridor de amanhecer", "prego que farfalha", "encolhedor de rios" e "esticador de horizontes" (330). Em *Escritos em Verbal de Ave*, "uma púa

---

du S + 7, etc". A ideia de ruptura (*rupture*), em muito associada à distância semântica entre dois termos, tem sempre em conta uma norma (*l'axe de la généralité*) e a sua consequente destruição. Ora, não são estas mesmas "colagens aleatórias" (*assemblages stochastiques*) que Breton (1985, p. 152) defende nos *Manifestes*? "Tudo leva a crer que existe um determinado ponto do espírito donde a vida e a morte, o real e o imaginário, o passado e o futuro, o comunicável e o incomunicável, o alto e o baixo, deixam de ser apreendidos contraditoriamente", "Segundo manifesto". Sobre a relação de Manoel com o surrealismo, vide capítulo 3. b) Os olhos.

de mandioca", "martelo de pregar água", "guindaste de levantar vento", "ferro de engomar gelo", "parafuso de veludo", "alarme para o silêncio", "presilha de prender silêncio", "formiga frondosa com olhar de árvore", "peneira de carregar água", "besouro de olhar ajoelhado", "água viciada em mar", "rolete para mover o sol". Reaparecem, de resto, os desobjetos "prego que farfalha" e "alicate cremoso".

Mais extensos e sem recorrer ao processo alotópico, textos como "Didática da invenção" (II), publicado em 1993, ou "Desobjeto", incluído em *Memórias Inventadas*, exploram igualmente o fim da função utilitária. Parecem, além do mais, legendar o processo que antecede a formação dos desobjetos supracitados.

Leio "Desobjeto".

Em primeiro lugar, a enunciação de um objeto que está prestes a tornar-se num desobjeto: "O pente estava próximo de não ser mais um pente".[184] Em segundo lugar, a enunciação do desobjeto: "Estaria mais perto de ser uma folha dentada. (...) Era alguma coisa nova o pente". Em terceiro lugar, a total perda da função utilitária: "Não se poderia mais dizer se aquela coisa fora um pente ou um leque". Em quarto e último, a introdução da imagem do poeta como aquele que mais depressa repara no fim da função utilitária: "O menino que era esquerdo e tinha cacoete pra poeta, justamente ele enxergara o pente naquele estado terminal".[185]

---

184. MI, 23.
185. *Ibidem.*

b) Os olhos

Desvio perceptivo: a poética do *punctum*

The apparition of these faces in the crowd;
Petals on a wet, black bough.
Ezra Pound

O desvio perceptivo ou a "imagética do contradito" (Pinheiro, 2006, p. 164) inaugura, a partir da exploração dos quadros do quotidiano e da narratividade das composições, um novo tipo de enquadramento visual. Manoel de Barros encaixa-se perfeitamente na descrição de José Paulo Paes (1990, p. 76), quando nota que "ao voltar-se para o cenário cotidiano, o poeta não quer vê-lo com os olhos da rotina. Propõe-se antes vê-lo com os olhos novos da 'ignorância que descobre', mesmo porque 'a poesia é a descoberta/ das coisas que eu nunca vi'".[186] Mas não só.

Embora Manoel explore obviamente a questão da ingenuidade a partir da figura da criança, centra-se, ao convocar outro cenário que não o da cidade, no pormenor ínfimo do pantanal. A par, portanto, de questões como as da desaprendizagem do código linguístico e da secundarização da função comunicativa, Manoel introduz a ideia da poesia como uma série de tentativas visuais, quando, em 2000, publica *Ensaios Fotográficos*. "Ensaio", do francês *essai*, significa "tentativa" ou "experiência". E, de fato, "ensaio", aqui no plural, "ensaios", ilustra um movimento repetido em torno do objeto observado. O movimento contraria, em termos gerais, a imobilidade da fotografia, introduzida pela palavra "fotográficos", visto o objeto de observação alterar-se a cada disparo.

Ensaios Fotográficos, que introduz a relação entre o universo de Manoel e a fotografia, abre com a epígrafe de Jorge Luis Borges: "Imagens não passam de incontinências do visual".[187] A palavra "incontinência" sugere a figura do que coleciona objetos fugazes. Legitima,

186. O verso citado por Paes é de Oswald de Andrade (2000, p. 99): "Aprendi com meu filho de dez anos/ que a poesia é a descoberta/ das coisas que eu nunca vi".
187. EF, 387.

além disso, o projeto de Manoel, que é o de propor várias hipóteses de observação para o mesmo objeto. Assim, como na fotografia, a imagem desenvolve-se no campo do estático. Há, porém, o salto dinâmico da *imagem* para a *imagem poética*. Como, por exemplo, no poema "Comparamento", em que uma palavra, imóvel, navega para o poema estático. E a viagem implica, contudo, um deslocamento:

> Os rios recebem, no seu percurso, pedaços de pau,
> folhas secas, penas de urubu
> E demais trombolhos.
> Seria como o percurso de uma palavra antes de
> chegar ao poema.[188]

Além disso, no que diz respeito à incontornável presença do fotógrafo no lugar do disparo, torna-se evidente a presença do sujeito no campo em descrição, quer diretamente pela primeira pessoa do singular, como no poema "O Vento", quer pela terceira voz no poema imediatamente a seguir, "Miró".[189]

Importa igualmente realçar que *Ensaios Fotográficos* convoca a divisão proposta por Roland Barthes em *La Chambre Claire: Note sur La Photographie* (*A Câmara Clara: Nota sobre A Fotografia*, 1980), por privilegiar a observação e o tratamento do detalhe. Barthes refere, para a fotografia, três estados possíveis de recepção: o primeiro, *studium*, significa, em latim, o gosto ou interesse por alguma coisa ou alguém. Ao segundo, Barthes chama *punctum* que, originalmente, significa "ferida". Em terceiro e último, sem correspondente em latim, vem o "choque".

O *punctum* fere e comove o *spectator* por, além de ser menos evidente do que os restantes elementos do quadro, se desenvolver como o aspecto mais inesperado nele. "O punctum é um 'pormenor', isto é,

---

188. EF, 390.

189. Sobre "O Vento", as formas verbais na 1ª pessoa: "Queria"; "Eu precisava"; "me fugia"; "Imaginei"; "me pareceu"; "Estava"; me lembrei". Sobre "Miró", as formas verbais na 3ª pessoa: "Miró precisava"; "aprendera"; "desejava"; "fazia"; "ia"; "enterrava"; "havia aprendido"; "depositava"; "iniciava"; "chegava".

um objecto parcial" (Barthes, 2012, p. 52). E, de fato, a associação entre poeta e fotógrafo expressa a necessidade de, num contexto amplo, captar o detalhe que, na grande parte dos casos, se torna apenas representável por meio da palavra:

> Ia o Silêncio pela rua carregando um bêbado.
> Preparei minha máquina.
> O silêncio era um carregador?
> Estava carregando o bêbado.
> Fotografei esse carregador.
> Tive outras visões naquela madrugada.
> Preparei minha máquina de novo.
> Tinha um perfume de jasmim no beiral de um sobrado.
> Fotografei o perfume.[190]

O pormenor apodera-se da leitura e o *punctum*, que é um suplemento – aquilo que se acrescenta à fotografia e que, contudo, *já existia nela* –, pode ou não entrar em diálogo com o objeto consagrado (*hypsos*), pois o *punctum* não tem acepção de moral ou de bom gosto.

Manoel desmonta, na verdade, a tríade barthesiana para privilegiar apenas o *punctum* em quadros onde, por exemplo, o "choque" não chega a existir e o *studium* acaba tendencialmente por desaparecer. Sobre o *punctum*, Barthes nota que há essencialmente duas expansões. A primeira diz respeito à força metonímica, a um pormenor que, inserido no plano geral do *studium*, faz com que a fotografia ultrapasse a si própria por meio de um processo de referência.[191] Na segunda, o pormenor preenche paradoxalmente toda a fotografia, como no retrato

---

190. EF, 387.

191. "Kertész tem uma fotografia (1921) que representa um cigano cego, a tocar violino, conduzido por um miúdo; ora aquilo que vejo, através desse 'olho que pensa' e que me faz acrescentar qualquer coisa à fotografia, é a calçada de terra batida: a terra dessa calçada dá-me a certeza de estar na Europa Central. Percebo o referente (aqui, a fotografia ultrapassa-se realmente a si própria: não será essa a única prova da sua arte?)" (Barthes, 1973, p. 54).

que Duane Michals fez, em 1958, de Andy Warhol. Sumariamente: o *punctum* não consiste no gesto com que Warhol cobre o rosto, mas na matéria das suas unhas espatuladas que preenche a fotografia.

Ora, é justamente a segunda forma de expansão do *punctum* que Manoel aplica a *Ensaios Fotográficos*. Este processo de expansão do *punctum* evidencia-se quando, por exemplo, recorrendo metonimicamente ao espaço da floresta, o sujeito considera que "gorjeio é mais bonito do que canto porque nele se/ inclui a sedução".[192] O gorjeio, apenas mais um aspecto a considerar entre um enorme leque de possibilidades no quadro da floresta (*studium*), é o único que se destaca. Inclui-nos, além disso, no próprio espaço da floresta ao apoderar-se do quadro. Outra manifestação do *punctum* acontece, por exemplo, quando, no quadro de uma construção arquitetônica, entre mais um enorme leque de possibilidades, são as ruínas o único aspecto ressaltado: "Eu queria construir uma ruína".[193] E, assim, as ruínas levam-nos, à semelhança do gorjeio, a imaginar a totalidade da composição, que, nesse caso, seria a de um qualquer edifício.

Além do mais, a apropriação do quadro poético pelo *punctum* conduz a uma série de estratégias humorísticas. Em *Ensaios Fotográficos*, por meio da desconstrução da hierarquia dos elementos de uma imagem, como em "O poeta":

> De tarde fui olhar a Cordilheira dos Andes que
> se perdia nos longes da Bolívia
> E veio uma iluminura em mim.
> Foi a minha primeira iluminura.
> Daí botei meu primeiro verso:
> Aquele morro bem que entorta a bunda das paisagens.[194]

192. EF, 388.
193. EF, 393.
194. *Idem*, 398.

Em outros volumes, como *Poemas Concebidos sem Pecado*, pela valorização do pormenor como elemento formal do poema, aquando do uso, por exemplo, do acróstico e da oração sindética, como em "Vovó aqui é tristão/ Ou fujo do colégio/ Viro poeta/ Ou mando os padres...".[195] O *ínfimo que fere*, concordante com a *imagem visionária*, está na base do cruzamento de realidades aparentemente inconciliáveis. Também por isso, fazem sentido, na ordem da deformação do signo, os comentários sobre a relação de Manoel com a estética surrealista.

Na verdade, com relação ao gesto de incluir Manoel no grupo dos surrealistas, existem ainda poucos estudos críticos, a saber *A Loucura da Palavra* (1987) de José Fernandes, "Surrealismo em Manoel de Barros" (2008) de Carlos Pinheiro, "Manoel de Barros: cosmologia poética" (2008) de Joana Alves Fhiladelfio e Vanêssa Cruz, e "Manoel de Barros: uma poética do ínfimo e do maravilhoso" (2011) de Henrique Duarte Neto. O primeiro defende que a estética surrealista é a base da poética de Manoel e acrescenta que, no contexto da poesia brasileira, Manoel encarna os traços estilísticos surrealistas como nenhum outro autor.[196] O segundo centra-se exclusivamente na publicação de 1996, *Livro sobre Nada*, para defender a evidência das suas imagens surrealistas. Além disso, interpreta-as como o resultado do "descontentamento com a realidade" e com a "lógica estereotipada da sociedade" (Pinheiro, 2008, p. 1). O terceiro nota um evidente "parentesco com o surrealismo", justificado fundamentalmente pela relação de Manoel com o *delírio*. O quarto, embora não o considere surrealista, encontra as mesmas imagens surrealistas em publicações anteriores, como *Arranjos para Assobio* (1980). A criação dessas imagens aparece, porém, mais cedo, em 1960, com a publicação de *Compêndio para Uso dos Pássaros*, em que, rumo

195. PCSP, 22. Formada pelas iniciais dos quatro versos e presente, como vocativo, no primeiro, "vovó" evidencia, quando lida a par da conjunção "ou", a urgência da decisão por parte do leitor.

196. Tal afirmação deve-se sobretudo à "impregnação por elementos da terra, transubstanciados na e pela linguagem, a armação de seu discurso, essencialmente imagética [...]. O emprego de técnicas composicionais, essencialmente originais" (Fernandes, 1987, p. 9).

ao *nonsense*, é perfeitamente visível o cruzamento entre dois ou mais objetos semântica ou lexicalmente distantes. Outro bom exemplo é o poema "Homem de lata" (*Gramática Expositiva do Chão*, 1966), em que, segundo Duarte Neto (2011, p. 3), se pode encontrar uma "crítica do poeta à objetificação, à coisificação do homem":

O homem de lata
foi atacado de ter folhas
e se arrasta
em seus ruídos de relva[197]

O poeta é o contrário do homem de lata, porque vive de "contaminações sintáticas" que são sinônimo das "conjugações incestuosas" apontadas por Duarte Neto entre as palavras.[198] Nessa sequência, compreende-se que Carlos Pinheiro destaque *Livro sobre Nada*, a começar pelo "Pretexto", onde, em certo momento, se lê: "O que eu queria era fazer brinquedos com as palavras. Fazer coisas desúteis. O nada mesmo. Tudo que use o abandono por dentro e por fora".[199]

Dessa forma, no que respeita à escolha do contexto, a inovação não está apenas na mudança de lugar – o pantanal no lugar da cidade –, mas na transformação da variante cotidiana numa variante *extraordinária*. Por isso, Afonso de Castro faz menção ao devaneio como parte da "natureza criada a partir da palavra poética".[200] Longe de coincidên-

197. GEDC, 137.
198. "Ainda no livro de 1966, *Gramática expositiva do chão*, encontramos traços de um 'encantador de palavras' [...], de alguém que tem por ofício fazer conjugações incestuosas entre as palavras [...]: 'o homem tinha 40 anos de líquenes no Parque', 'quase sempre nos intervalos para o almoço era acometido de lodo', 'madrugada contraía orvalho nas escamas e na marmita'" (Neto, 2011, p. 9).
199. LSB, 335.
200. "Se a palavra é a luz para que as coisas mostrem na luminosidade o que são, aqui a enunciação poética transfigura as palavras para que o sentido tenha a luz de um devaneio, de um outro horizonte que, por meio da fusão do horizonte já iluminado, com o do enunciado poético, transcenda a sua fulguração e surja outro horizonte mais vasto, de uma natureza criada a partir da palavra poética" (Castro, 1992, p. 161).

cias, o devaneio (*la folie*) constitui, como nota Robert Bréchon, um dos principais aspectos da estética surrealista, porque, além de absolutamente subjetivo, reafirma de modo paradoxal a alienação do indivíduo na sociedade.[201] Manoel que, como vimos, associara já a figura do louco à da criança, parece validar esta posição em *O Guardador de Águas* (1989):

> Poeta é um ente que lambe as palavras e depois se alucina.[202]

O propósito subversivo da ampliação da consciência, defendido por Breton nos *Manifestes*, estende-se ao projeto de Manoel que, ao contrariar a lógica do código linguístico e ao apostar na *desmoralização*, põe em prática muitos dos aspectos do movimento surrealista. Nesse sentido, não parece descabido pensá-lo à luz de uma estética que valoriza o que *realmente pode ser* ("*sur-réalisme*") e descarta aquilo *que é*. Mas apenas nesse sentido, pois caso integrasse sem demoras a lista de autores surrealistas, por que razão, entre os referidos estudos críticos, apenas um o inclui efetivamente no conjunto dos traços estilísticos do surrealismo e os restantes não tardam a dividir-se entre incluí-lo e não incluí-lo?

A resposta parece-me óbvia: trata-se de um ilogismo trabalhado, sem imediatismos. Como acontece em *O Guardador de Águas*, o fato de a própria alucinação ser alvo de comentário, evidentemente meta-textual, vem apenas confirmá-lo. Isso anula o "absurdo imediato", o automatismo psíquico puro e a onipotência do sonho – imprescindíveis à poesia surrealista.

O "nada", que compõe o título de *Livro sobre Nada* e resume a intenção de Manoel ("O que eu gostaria de fazer é um livro sobre nada"), é, a título de exemplo, o resultado de uma ação calculada e assumida:

---

201. Assim, o *le fou* assemelha-se, à luz de Marcel Raymond (1978, p. 252-266), ao *esprit libre*. Cf. "La folie", *Le Surréalisme* (Bréchon, 1971, p. 69-74) e "Les jeux de l'esprit libre", *De Baudelaire au Surréalisme*.
202. OGA, 265.

"Eu fiz o nada aparecer".[203] O processo que antecede, de resto, a criação do poema reflete sobre a própria criação: "eu estou bem sentado num lugar. Vem uma palavra e tira o lugar de debaixo de mim. Tira o lugar em que eu estava sentado".[204]

Além disso, nenhum dos diálogos, de Manoel para si próprio, atinge o grau de *nonsense* que Breton (1985, p. 56) expõe com recurso à ecolalia (fase da linguagem da criança correspondente ao balbúcio) ou ao Sintoma de Ganser (transtorno dissociativo). "As lições de R.Q". eliminam, nesta ordem de ideias, a possibilidade de pertença a um movimento ou escola:

> O olho vê, a lembrança revê, e a imaginação transvê.
> É preciso transver o mundo.
> Isto seja:
> Deus deu a forma. Os artistas desformam.
> É preciso desformar o mundo:
> Tirar da natureza as naturalidades.
> Fazer cavalo verde, por exemplo.
> Fazer noiva camponesa voar – como em Chagall.[205]

Sobre a noiva voadora, Chagall pintou mais que uma (*Les Mariés de la tour Eiffel*, 1938-1939; *La Vie Paysanne*, 1945; *La Mariée*, 1950; ou ainda *La Promenade*, 1917; *Les Trois Bougies*, 1938-1940; *Les Mariés de la Tour Eiffel*, 1956; *Autoportrait*, 1959-1968). O juízo aplica-se a qualquer uma delas.

O devaneio, que não assenta por completo na inconsciência, transporta-nos para aquilo em que, a propósito do desencontro entre Chagall e os surrealistas franceses, Ingo F. Walter e Rainer Metzger (2004, p. 57) notam: "[Marc Chagall] interpretava o preito que eles [surrealistas franceses] prestavam à força do inconsciente, como uma atitude dema-

203. LSN, 351.
204. EF, 400-401.
205. LSB, 358.

siadamente deleitável, como exibição intencional da falta de lógica, não podendo assim identificar-se com eles". Por outras palavras: entre os surrealistas, Chagall constitui um caso singular, porque renega um dos princípios do movimento — o *delírio* — para passar a usar outro método, outra forma de expressão; o que define Chagall como Chagall: a natureza híbrida das composições.[206]

c) A boca
Desvio humorístico: duas transposições

Isso: ar. ar. ar. ar. ar. ar. ar. ar.
ar. ar. ar. ar. ar. ar. ar. a
r: em primeiríssimo lugar, o lugar.
Torquato Neto

O desvio humorístico não assenta na *degradação*, mas na transposição inversa da degradação. Por outras palavras: se o risível corresponde tradicionalmente à apresentação de um objeto respeitado como insignificante, o cômico, nos poemas de Manoel de Barros, corresponde à apresentação de um objeto insignificante como respeitado. Esse processo de transposição (essencialmente de *valor* e/ou *tamanho*) é sistemático, e a transposição, que se faz de baixo para cima, desperta, em termos gerais, o riso. Encontram-se, com efeito, exemplos vários de situações triviais descritas em termos de estrita importância desde 1937, com *Poemas Concebidos sem Pecado*, até 2011, com *Escritos em Verbal de Ave*.

Existem, dentro desse registro, dois tipos de transposição. A primeira corresponde à comparação de dois objetos de valor e/ou tamanho consideravelmente distintos – transposição comparativa cômica – e a segunda constrói-se a partir da descrição de episódios ordinários

206. *Hybridity* é um dos conceitos com que a crítica norte-americana Aliya Ann Reich (2012, p. 37-63) define a obra de Chagall. Apoiada, sobretudo, na sua ascendência russa, Reich defende que Chagall não se deixou influenciar por nenhuma das escolas artísticas que encontrou em Paris. Reuniu-as num só universo, atingindo a *hybrid nature*.

– transposição descritiva cômica. Ambas são um reflexo óbvio da acepção moderna de *bathos* ou, se em estreita relação com a imagem, do conceito barthesiano de *punctum*.

A transposição comparativa cômica relaciona quase sempre valor e tamanho, porque os objetos insignificantes estão em conformidade com os objetos de dimensões pequenas. O raciocínio não constitui, porém, uma analogia perfeita, pois os objetos significativos nem sempre correspondem à grande dimensão (cf. "jóia"). Em todo o caso, os exemplos da transposição comparativa cômica podem ser representados por passagens como: "Os pequenos invólucros para múmias de passarinhos/ que os antigos egípcios faziam/ Acho mais importante do que o sarcófago de Tutan-/ câmon./ (...) o cu de uma formiga é também muito mais/ importante do que uma Usina Nuclear".[207] Tudo isso porque a comparação envolve um elemento convencionalmente vulgar ("passarinhos"; "cu de uma formiga") e um elemento convencionalmente respeitado (sarcófago de Tutan-/ câmon"; "Usina Nuclear").

Parte do exemplo acima foi retomada, aliás, numa das mais recentes publicações de Manoel, em maio de 2012, na sequência do prêmio da Casa da América Latina, sob o título de "Poema inédito": "depois de grandes a gente viu que o cu de uma formiga é mais importante para a humanidade do que a Bomba Atômica" (Torres, 2012). E além da fusão entre valor e desvalor, dois dos exemplos apresentam erros de estruturação frásica. Isso amplia, claro está, o espaço do risível.

Já a transposição descritiva cômica assenta na personificação dos elementos do conteúdo e recupera um dos principais apontamentos de Henri Bergson, o de que o cômico não existe fora do que é propriamente *humano*. Quer isso dizer que, além de ser o único animal capaz de rir, o ser humano deve ser classificado como o que provoca o riso.[208] A asser-

207. LSN, 349.

208. Escreve Bergson (s/d, p. 66): "Alguns [filósofos] definiram o homem como um 'animal que sabe rir'. Bem o poderiam ter definido também como um animal que faz rir, porque se o mesmo acontece com qualquer outro animal ou objecto inanimado é por semelhança com o homem, pelo sinal com que o homem o marca ou pelo uso que o homem dele faz". Bergson não refere nenhum filósofo

tividade da afirmação prende-se com o fato de a expressão humana estar na base de todo o tipo de comportamentos cômicos.

Sobre esse último ponto, no que diz respeito a Manoel, há muito a ser considerado. São recorrentes os episódios detalhadamente descritos e protagonizados por animais ou vegetais, com especial relevância no *Livro de Pré-coisas* (1985) e nos *Ensaios Fotográficos* (2000).

Entre os poemas deste último, "Gorjeios" ilustra de modo claro o processo de personificação das "pássaras" e das árvores:

> É quando a pássara está enamorada que ela gorjeia.
> [...]
> Seria como perfurmar-se a moça para ver o namorado.
> É por isso que as árvores ficam loucas se estão gorjeadas.[209]

"Pássara" ou árvore, a expressão é evidentemente humana. Ainda no mesmo volume, "O casamento" propõe o envolvimento de um animal com um objeto inanimado. O que aqui importa ressaltar é a interação humanizada entre os dois elementos.[210] Ou seja, a lata que "morava no quintal (...) entregue/ às suas ferrugens/ E o peixe [que morava] no rio"[211] expressam-se o mais humanamente possível: "Deu-se que o peixe se enferrujou da lata/ E penetrou em dentro dela./ O peixe estava

---

em concreto. Sabemos, porém, que Aristóteles definiu o homem como o único animal que ri em *De Partibus Animalium*.

209. EF, 388.

210. É de referir que a abordagem do humor em Manoel de Barros não tem ainda um *corpus* considerável de estudos críticos. E, em termos gerais, o efeito cômico aparece sempre, sob o ponto de vista de críticos como Walquíria Béda (2007, p. 64) ou Maria Tereza Scotton (s/d, p. 8), ligado à subversão do código linguístico. "Não obedecer à regência verbal para buscar a beleza das palavras, além de ser um ato de amor, também pode causar riso". "É possível perceber que a linguagem irreverente de Manoel de Barros, influenciada pelo Manifesto Pau-Brasil, parece se aproximar do que Bakhtin [...] chama de 'carnavalização da literatura'. Em tal literatura há uma transposição dos elementos ambivalentes do carnaval, como por exemplo: o sério-cômico".

211. EF, 396.

enferrujado (apaixonado) na lata".[212] Além de que, desde o título, o vínculo estabelecido entre ambos é estritamente humano: "Houve o casamento./ Moral da fábula: o peixe que não gozava de ser/ sucata quis gozar".[213] O mesmo se passa com fenômenos como o vento: "empurrava a canoa do/ índio para o barranco/ (...) pintado de urucum a empurrar a/ canoa do índio para o barranco";[214] ou com as nuvens, na expressão "o sexo das nuvens".[215]

Para além da personificação, há, ainda no âmbito de uma transposição descritiva cômica, outro processo recorrente em Manoel e que Bergson não prevê em *Le Rire* (*O Riso*, 1900). Refiro-me ao processo inverso, o da zoomorfização, que é tão ou mais frequente do que o primeiro e que assume um papel fundamental na lógica do humor de Manoel. O poema "A namorada", publicado em 2001, exemplifica-o de forma manifesta: "Havia um muro alto entre nossas casas./ Difícil de mandar recado para ela./ Não havia e-mail./ O pai era uma onça".[216] O riso, provocado pela comparação súbita do pai com a onça, introduz a chave interpretativa do texto. Por que a onça e não outro animal? A resposta é lógica. A mensagem que o muro alto bem como a inexistência do e-mail vinham sugerindo é confirmada pela zoomorfização do pai num animal feroz. E o poema fecha como abriu, num círculo: "por vezes o bilhete enganchava no galhos da/goiabeira/ E então era agonia./ No tempo do onça era assim".[217]

Outros exemplos são o texto "No serviço (voz interior)",[218] em que o narrador se compara a várias espécies animais, ou o poema "Urubuzeiro", em que Sabastião sobe o barranco "se arrastando como um/ caranguejo trôpego".[219]

---

212. *Ibidem*.
213. *Ibidem*.
214. EF, 392.
215. *Ibidem*.
216. TGGI, 410.
217. *Ibidem*.
218. LP, 220.
219. TGGI, 411.

Para além disso, qualquer uma das duas transposições se ajusta à ideia de coletividade introduzida por Bergson. Por outras palavras: o cômico expressa uma imperfeição individual ou coletiva cujo efeito tem de ser, no sentido da compreensão, coletivo. O que significa que a desconstrução linguística a que tenho vindo a fazer referência não abrange todo o código e, nessa ordem de ideias, Manoel preenche – quer pela concordância, quer pela negação – certas exigências do significado social. O riso é provavelmente o resultado mais lógico desse processo.

Ao não anular por completo a definição de vida em comum, Manoel contempla igualmente o campo da moralidade/imoralidade, pois, segundo Bergson, o mecanismo moral é antecedido pelo mecanismo material. Este último, atingível apenas dentro de um código que contemple dois ou mais indivíduos, conduz a uma série de aspectos agrupados ou não no caráter humano. Com efeito, a imagem do "diabo da mola" é bastante sugestiva, na medida em que "diabo" dirá respeito à conduta moral e "mola" ao mecanismo material que faz com que a ideia do diabo se expanda.[220] Bergson acrescenta ainda que, para haver cômico, é necessário que existam, à semelhança da transposição comparativa, dois elementos de comparação que, neste caso, simbolizem respectivamente dois traços distintos e relativos ao caráter. Dito de outro modo, para haver cômico, exige-se do elemento convencionalmente moral que se apresente como (convencionalmente) imoral:

> Musa pegou no meu braço. Apertou.
> Fiquei excitadinho pra mulher.
> Levei ela pra um lugar ermo (que eu tinha que fazer uma lírica):
> – Musa, sopre de leve em meus ouvidos a doce poesia,
> a de perdão para os homens, porém... quero seleção,
> ouviu?

---

220. Escreve Bergson (s/d, p. 66): "Já insistimos o suficiente sobre esta primeira imagem, a do diabo na mola, para fazer compreender como a fantasia cómica, a pouco e pouco, converte um mecanismo material num mecanismo moral".

– Pois sim, gafanhoto, mas arreda a mão daí que a hora
é imprópria, sá?
Minha musa sabe asneirinhas
Que não deviam de andar
Nem na boca de um cachorro!
Um dia briguei com Ela
Fui pra debaixo da Lua
E pedi uma inspiração:
– Essa Lua que nas poesias dantes fazia papel
principal, não quero nem pra meu cavalo; e até logo, vou
gozar da vida; vocês poetas são uns intersexuais…
E por de japa ajuntou:
– Tenho uma coleguinha que lida com sonetos de dor
de corno; por que não vai nela?[221]

"Informações sobre a musa", publicado em 1937, contrapõe os dois extremos.

O poeta e a musa, dois ícones da criação poética, degradam-se a partir do mecanismo moral que, a começar pela vulgarização do ato inspirador, questiona tanto a conduta moral de um como a do outro. Na verdade, a descrição ordinária do processo criativo poético sugere um envolvimento sexual entre ambos. E não só: a entidade divina revela-se, em certas ocasiões, mais insolente do que o humano. Pela mesma razão, a reprimenda faz-se do primeiro para o segundo. Resumindo, embora conserve alguma da *respectability* tradicional (penso, por exemplo, na maiúscula "E" em "Ela"), a musa não prima pelo comportamento ante os costumes.

Existem também exemplos do processo inverso, em que o mecanismo moral se anula a si mesmo. É claro que isso introduz uma quebra totalmente inesperada no decorrer da leitura, em muito semelhante àquela que Jean-Louis Maunoury diz ser a forma mais acabada do

---

221. PCSP, 39.

humor contemporâneo. E que, correntemente, corresponde ao *humor negro*, no contexto do qual o embaraço inviabiliza a explosão do riso.[222]

"Maria-pelego-preto", também publicado em 1937, é, entre todos os exemplos, aquele que representa de forma mais clara todas as fases do processo, nomeadamente a primeira gargalhada, o embaraço e, em jeito final, o desconforto da segunda gargalhada.

1. Introdução do elemento convencionalmente imoral = explosão do riso:

> Maria-pelego-preto, moça de 18 anos, era abundante de
> pêlos no pente.
> A gente pagava pra ver o fenômeno.
> A moça cobria o rosto com um lençol branco e deixava
> pra fora só o pelego preto que se espalhava quase até
> pra cima do umbigo.
> Era uma romaria chimite!
> Na porta o pai entrevado recebendo as entradas...[223]

2. Elemento moral *versus* elemento imoral = prolongamento do riso:

> Um senhor respeitável disse que aquilo era uma
> indignidade e um desrespeito às instituições da família e da
> Pátria![224]

---

222. "[...] o humor negro é a forma mais acabada do humor contemporâneo: a morte de um outro, de um inimigo por exemplo, é susceptível de me alegrar, mas não é coisa para rir" (Maunoury, 2002, p. 11). E mais adiante: "O corpo martirizado de Cristo é um embaraço qe invade todo o pensamento cristão ao ponto de para certos místicos ou doutores da Igreja seja um pecado, quase uma blasfémia" (Maunoury, 2002, p. 19).

223. PCSP, 30.

224. *Ibidem.*

3. Introdução do terceiro elemento moral ou novo elemento moral = inibição do riso:

> Mas parece que era fome.[225]

d) A genitália

Desvio sexual: sexo e linguagem

> *Extasiada, fodo contigo*
> *Ao invés de ganir diante do Nada.*
> Hilda Hilst

Ainda que o erotismo comece onde o animal acaba, a animalidade é sempre o fundamento do primeiro.[226] Profundamente interessada nessa animalidade, a poesia kínica de Manoel escolhe contemplá-la ao não dissociar o ato de escrever do ato sexual. Nesse contexto, à semelhança daquilo que Nancy aponta sobre o sexo, que não é mais um estado de relação mas a própria relação em si,[227] a poesia não é apenas um meio de gozo, mas o lugar do gozo:[228]

---

225. *Ibidem.*
226. Parafraseando Georges Bataille (1988, p. 81): "O erotismo, no seu conjunto, é infracção à regra das proibições: é uma actividade humana. Mas, embora comece onde o animal acaba, a animalidade é sempre o seu fundamento".
227. "O sexo diferenciando-se/diferindo-se deve ser pensado no sentido em que ele não é nada senão relação, ou seja, não no sentido em que ele mesmo é a relação, o mesmo é dizer, o 'relacionar-se', o mesmo é dizer também, o entr'abrir do próprio entre, do 'entre-nós', ou da intimidade" (Nancy, 2008, p. 36).
228. Utilizo o termo "gozo" e não outro por ter em conta o próprio Manoel em entrevista: "É verdade, eu gozo com as palavras. Já escrevi: 'Meu gozo é no fazer'. É no fazer o verso que o poeta goza. Eu tenho isso: todo o verso meu, eu gozei nele" (Castello, 1997). Além disso, "gozo" traduz convenientemente, a par de "fruição", o termo francês *jouissance* (Roland Barthes, *Le Plaisir du Texte*, 1973 ou Jacques Lacan, *Seminaires*, XI, *Les Quatre Concepts Fondamentaux de la Psychanalyse*, 1964).

– E como é que o senhor escreve?
– Como se bronha[229]

Pode até mesmo dizer-se que o "primeiro [erotismo] é uma poética corporal e que a segunda [poesia] é uma erótica verbal",[230] observação que Manoel espelha na identificação da palavra como um corpo vivo que pode relacionar-se sexualmente com o corpo vivo do autor. Nesse sentido, as menções ao corpo da palavra dizem quase sempre respeito à zona da genitália, como em "Certas palavras pediam para mostrar os pentelhos",[231] "Palavras (...) têm carne aflição pentelhos"[232] ou, de outro modo, "Veja a palavra bunda, Manoel/ Ela tem um bonito corpo fônico além do/ propriamente".[233] E claro está que, também nesse sentido, a genitália não anula a ideia do corpo como um todo.

Há, por isso, referências mais generalizadas ao envolvimento do autor com a palavra e que validam a ideia proposta por Leyla Perrone-Moisés (1990, p. 14) – que é próprio dos poetas serem sedutores, "porque foram vítimas de uma sedução primeira, exercida pela própria linguagem" –, como em "Retrato quase apagado em que se pode ver perfeitamente nada" (Parte VII):

O sentido normal das palavras não faz bem ao poema.
Há que se dar um gosto incasto aos termos.
Haver com eles um relacionamento voluptuoso.
Talvez corrompê-los até a quimera.[234]

Assim, a palavra assume a autonomia de quem começa por seduzir e controlar as várias fases inerentes ao ato sexual. Observação, de resto, feita

229. APA, 188.
230. Traduzo Octavio Paz (1993, p. 10): "*el primero [erotismo] es una poética corporal y que la segunda [poesía] es una erótica verbal*".
231. MP, 162.
232. OGA, 257.
233. RAQC, 371.
234. OGA, 273.

por Barthes em *Le Plaisir du Texte* (*O Prazer do Texto*, 1973),[235] com base no qual também se poderia afirmar que, embora Manoel reúna algumas das características respeitantes ao grupo dos "escritores de prazer", por demonstrar-se "obcecado pelas palavras, como o são todos os que amam a linguagem",[236] é no grupo dos "escritores de gozo" que devemos incluí-lo. Isso porque o "prazer do texto" está associado, segundo Barthes, a uma leitura confortável, e não à crise da linguagem como o "texto de gozo".[237] É precisamente na *fenda* que se situa entre o prazer institucionalizado e a exceção à regra que há espaço para a corporização erótica da palavra.

MAÇÃ

Uma palavra abriu o roupão pra mim.[238]
Vi tudo dela: a escova fofa, o pente a doce maçã.
A mesma maçã que perdeu Adão.
Tentei pegar na fruta
Meu braço não se moveu.
(Acho que eu estava em sonho.)
Tentei de novo
O braço não se moveu.
Depois a palavra teve piedade
E esfregou a lesma dela em mim.[239]

---

235. "*Le texte a une forme humaine, c'est une figure, un anagramme du corps? Oui, mais de notre corps érotique*" (Barthes, 1973, p. 30).
236. "[...] *obsédé [pour la lettre], comme le sont tous ceux qui aiment le langage*" (Barthes, 1973, p. 30).
237. "Plaisir du texte. *Classiques. Culture.* [...] *Intelligence. Ironie. Délicatesse. Euphorie. Maîtrise. Sécurité: art de vivre.* [...] *Textes de jouissance. Le plaisir en pièces; la langue en pièces; la culture en pièces. Ils sont pervers en ceci qu'ils sont hors de toute finalité imaginable*" (Barthes, 1973, p. 82-83).
238. De notar que este verso havia já sido publicado em 1996: "Uma palavra abriu o roupão para mim. Ela deseja que eu a seja".
239. PR, 452.

O uso simbólico da maçã pode remeter para diversos hipotextos, como o mito de Eva e Adão ou o *Cântico dos Cânticos*, em que a maçã representa a fecundidade do Verbo divino, o seu sabor e o seu odor.[240] Além disso, acrescenta Jean Chevalier, a forma esférica da maçã está, por norma, associada a um conjunto de desejos que, de natureza materialista, impedem o suposto progresso de uma vida espiritualizada.[241] Podem, contudo, encontrar-se semelhanças entre o sacrifício religioso e o ato sexual, porque além de ambos porem a descoberto a *carne*, substituem a vida ordenada, de cunho espiritual, pela libertação dos órgãos cujos movimentos, no segundo caso, surpreendem a vontade dos amantes até ao orgasmo. Textos como "Estreante" reclamam esse raciocínio, na medida em que "foder" é um "ato religioso" ou "fazer amor é uma eucaristia".[242] A propósito de "Maçã", nota ainda Jucimara Braga Alves (2012, p. 96) que, num primeiro momento, o poeta "refere-se apenas à palavra, [e só] depois alude à imagem da fruta dita propriamente. Como numa espécie de sonho, tenta pegar a fruta e, por último, como se acordasse desse sonho, retorna à palavra 'maçã', assim sugerindo que o interesse do poeta pela palavra seja maior do que propriamente pelo objeto". São óbvias, para além disso, as primeiras considerações sobre a "lesma", o *topos* mais comum[243] e representativa do órgão sexual feminino. Pense-se, por exemplo, em "Ouvir lesma foder na pedra";[244] "A lesma influi muito

240. Cito Chevalier (1986, p. 688): "*la manzana consumida por Adán y Eva y la manzana del Cantar de los Cantares, que según enseña Orígenes representa la fecundidad del Verbo divino, su saber y su olor*".

241. "[...] *la manzana, por su forma esférica, significaría globalmente los deseos terrenales o la complacencia en tales deseos. La prohibición pronunciada por Yahvéh pondría en guardia al hombre contra el predominio de esos deseos, que lo arrastrarían hacia una vida materialista por una especie de regresión, en sentido opuesto a la vida espiritualizada, que es el sentido de la evolución progresiva*" (Chevalier, 1986, p. 689).

242. MI, 77.

243. Entre os críticos, a decisão de assemelhar a figura da lesma ao órgão sexual feminino é unânime. Pergunto-me, no entanto, até que ponto a figura da lesma não poderá dizer também respeito ao órgão sexual masculino ou a um *terceiro órgão*.

244. LPC, 234.

em meu desejo de gosmar sobre as palavras";[245] "Na avidez de deserto que é a vida de uma pedra a lesma/ escorre.../ Ela fode a pedra".[246] Ou ainda, com mais profundidade, no texto "Ver" (2008):

> Nas férias toda tarde eu via a lesma no quintal. Era a mesma lesma. Eu via toda tarde a mesma se despregar de sua concha, no quintal, e subir na pedra. E ela me parecia viciada. A lesma ficava pregada na pedra, nua de gosto. Ela possuíra a pedra? Ou seria possuída? Eu era pervertido naquele espetáculo. E se eu fosse um *voyeur* no quintal, sem binóculos? Podia ser. Mas eu nunca neguei para os meus pais que eu gostava de ver a lesma se entregar à pedra. [...] Nunca escondi aquele meu delírio erótico. Nunca escondi de meus pais aquele gosto supremo de ver.[247]

Dário Júnior compara ainda o corpo da lesma ao corpo do poeta, a partir de versos como "Me abandonaram sobre as pedras infinitamente nu"[248] e do modo como a lesma se arrasta. A semelhança entre os dois respeita o processo gnosiológico de Manoel que, além de corpóreo, visa romper com o espírito racionalista.[249]

Já para Nismária Barros, a relação do corpo da lesma com o meio natural metaforiza a relação sexual do poeta com a palavra:[250] já não necessariamente com o corpo vivo da palavra, de que são prova os exemplos acima, mas com qualquer espécie de descrição tendencialmente erótica.

---

245. OGA, 268.
246. *Idem*, 269.
247. MI, 31.
248. APA, 177.
249. "Sem qualquer racionalidade que nos possa distrair, nos faça esquecer e a afastar o espírito de uma ocupação. A partir daí, apenas um homem nu, em estado puro, compreende associações até então incertas. Para entender o que é uma lagartixa, vive a lagartixa, é lagartixa" (Júnior, 2008, p. 6). Com efeito, essa forma de conhecimento foi defendida por Berta Waldman na introdução à edição de 1990 de *Gramática Expositiva do Chão: Poesia Quase Toda*.
250. "[A] interação do corpo da lesma com o meio natural é erótica e metaforiza a relação do poeta com a palavra erótica" (Barros, 2010, p. 125).

Nesse sentido, "Ver" é, a par de "Pêssego", o único texto que introduz diretamente o conceito de *voyeurismo* em Manoel. "Ver" recupera, aliás, aquilo que havia sido já introduzido em versos como "Se diz que:/ O olhar do voyeur tem condições de phalo/ (possui o que vê)".[251] A parte 3 de "Sete inutensílios de Aniceto" explora igualmente o comportamento do *voyeur* como aquele que desfruta da nudez de uma mulher que não se sabe observada: "uma vez eu apreciei aquela minha patroa/ mexendo por dentro do quarto pelada/ com aquele seu organismo bem constituído!/ isso que me enlouqueceu".[252]

O *voyeurismo* prepara-nos para lidar, a nível temático, com a escopofilia, o gosto em olhar, e a coprolagnia, o interesse ou a excitação pela observação ou toque dos dejetos. Ambas substituem o prazer de uma relação sexual direta. E, em relação à segunda, Freud, em *Drei Abhandlungen zur Sexualtheorie* (*Três Ensaios sobre a Teoria da Sexualidade*, 1905), raramente usa a palavra *voyeur* sem que a antecipe ou faça seguir de expressões como "no caso dos *voyeurs* ou daqueles que contemplam as funções excretoras" ou "crianças deste tipo tornam-se *voyeurs*, observadores atentos dos processos de micção e defecação".[253] Leio "Obrar":

> Eu só obrei no pé da roseira da minha avó.
> Mas ela não ralhou nem.
> [...]
> Por isso, [...], andei a fazer obra nos canteiros da horta.
> [...]
> A vó então quis aproveitar o feito para ensinar que o cago não é uma coisa desprezível.[254]

251. PR, 450.
252. APA, 194.
253. "[...] *children of this kind turn into* voyeurs, *eager spectators of the processes of micturition or defecation*"; "*as in the case of voyeurs or people who look on at excretory functions*" (Freud, 2000, 2007, 2010, 2011, p. 1.483, p. 1.511).
254. MI, 19.

Curiosamente, a par dos dejetos, a lição da "vó" generaliza-se: "Daí que também a vó me ensinou a não desprezar as coisas/ desprezíveis/ E nem os seres desprezados".[255] Dessa perspectiva, o conjunto dos "seres desprezados" compõe-se dos animais que, junto da lesma, constituirão o alvo do autor pervertido. A constatação de Kaplan e Sadock (1999, p. 1.446) é, de resto, fundamental, pois, ao definir-se *voyeurismo* como uma parafilia, acrescenta-se que, a par do exibicionismo, ele representa um conjunto de "fantasias e anseios sexuais recorrentes, intensos e sexualmente excitantes que envolvem objetos não humanos".

Com efeito, no que diz respeito à excitação sexual, Manoel foca-se, sobretudo, no comportamento dos animais e/ou na relação dos animais com os restantes elementos da natureza. Trata-se, então, de "tornar eróticos os elementos da natureza, para que se possa criar um relacionamento quase carnal entre o sujeito fruidor e o objeto fruído, forma de se atingir o êxtase e a revelação epifânica decorrente também desse êxtase" (Martinho; Melotto, 2009, p. 35)?

O processo de erotização dos elementos da natureza não depende da iniciativa do autor. A atitude do autor-*voyeur* é, antes de tudo, passiva – espelhada no gosto pela descrição – e resume-se a constatar o erotismo dos elementos naturais.[256] O que entra em concordância com aquilo que, acerca do bestiário de Manoel, Dário Júnior põe em evidência: a relação que Manoel trava com o mundo animal baseia-se no desejo de comunhão do sujeito com a natureza.[257] "Agroval", publicado em 1985, é o primeiro exemplo disto:

---

255. *Ibidem.*

256. Não esqueçamos que, para Freud, o *voyeurismo* era, acima de tudo, uma forma passiva de comportamento sexual e o exibicionismo, em contraponto, uma forma ativa. É também claro que, num segundo momento, Freud defenderia que o paciente *voyeurista* (masoquista) era inconscientemente exibicionista, isto é, ativo, e, de novo em contraponto, o paciente exibicionista (sádico) era inconscientemente *voyeurista*, ou seja, passivo. Sobre as primeiras considerações, cf. *Tree Essays on The Theory of Sexuality*, e sobre as denominações entre parênteses, cf. *The Future Prospects of Psycho-analytic Therapy* (1910, p. 2.310).

257. "O bestiário de Barros em *Arranjos para assobio*, que resgata um caráter ontológico em que aparece implícita a existência de tanto um eu como um outro

Ali, por debaixo da arraia, se instaura uma química de brejo.
Um útero vegetal, insetal, natural. A troca de linfas, de reima,
de rúmen que ali se instaura é como um grande tumor que lateja.
Faz-se debaixo da arraia a miniatura de um brejo. A vida que
germinava no brejo transfere-se para o grande ventre preparado
pela matrona arraia.
[...]
E ao cabo de três meses de trocas e infusões – a chuva começa a descer.
[...] Girinos pretos de rabinhos e olhos de feto fugiram do grande útero,
e agora já fervem nas águas das chuvas.
É a pura inauguração de um outro universo.[258]

Relembro, também sobre este assunto, a parte 10 do poema "Biografia do orvalho", que defende a existência de um tempo em que humanos e não-humanos interagiam em perfeita sintonia: "Naquele tempo de dantes não havia limites/ para ser./ Se a gente encostava em ser ave ganhava o/ poder de calar".[259] Humanos e não-humanos podiam, além do mais, relacionar-se sexualmente: "A menina apareceu grávida de um gavião./ Veio e falou para a mãe: O gavião me desmoçou".[260]

O autor não erotiza os elementos naturais, mas chama a atenção para aquilo que é naturalmente erótico. No caso específico de "Agroval", o processo genésico que antecede o nascimento dos girinos ou o próprio nascimento dos girinos; um "relacionamento quase carnal" entre autor e natureza que parte da observação do primeiro sobre a segunda, tal como nos é explicado em "O guardador de águas" (XV): "– A partir da fusão com a natureza esses bichos se/ tornaram eróticos".[261]

Concordo, porém, com Marcelo Marinho e Thalita Melotto (2009, p. 35) quando, a este propósito, escrevem que a "poesia questiona-se

– com as palavras, Manoel de Barros explora a natureza considerada em sua comunhão íntima com o humano" (Júnior, 2008, p. 4-5).

258. LPC, 211-212.

259. RDAQC, 381.

260. *Ibidem.*

261. OGA, 256.

sobre suas formas de existência, sobre sua finalidade de ser em nosso universo" graças à constatação erotizada de um "outro universo". Não ignoro igualmente que textos como "De tatu" ou "Retrato do artista quando coisa" (7) exploram a mesma passividade com que o autor observa, desta vez, o processo de acasalamento respectivamente do tatu, do quero-quero – correspondente, em português de Portugal, ao abibe-do-sul –, do cão/cadela, do cavalo/égua ou do touro/vaca:

> Em cima de sua femeazinha, o macho passa horas – como se fosse em cima de uma casa de tábuas. E ela fica submetida para ele, rezando naquela postura. Protocolos que a natureza lhes deu para montar filhos são tântricos.[262]

> Em tempo de namoro quero-quero é boêmio. Não aprecia galho de árvore para o idílio. Só conversa no chão. No chão e no largo. Qualquer depressãozinha é cama. Nem varre o lugar para o amor. Faz que nem boliviana. Que se jogue a cama na rua na hora do prazer, para que todos vejam e todos participem. Pra que todos escutem.[263]

> A gente aprendia coisas de sexo vendo os
> cachorros emendados, vendo os cavalos nas
> éguas e os touros nas vacas.
> Camões chamava a isso "Venéreo ajuntamento".
> Mas a gente não sabia de Camões e nem de
> venéreos.[264]

Em segundo lugar, a ideia de uma "revelação epifânica", que deriva do êxtase, parece confundir-se com ideias como a do êxtase religioso, sinônimo de uma imaginação ilimitada. E, desse ponto de vista, a *revelação* passa a corresponder ao dinamismo próprio da poesia, em que a imagem, individual e singular, se desprende do conjunto das coisas

262. LPC, 240.
263. LPC, 241.
264. RDAQC, 370.

que a inspiraram em primeiro lugar. A *revelação*, que renuncia à racionalidade, é, portanto, ilógica e lúdica.

São também frequentes, em Manoel, as passagens em que os animais são maltratados por crianças. Esse dado parece, no entanto, ter passado indiferente aos estudos críticos das últimas décadas.

Com relação ao comportamento infantil, Freud defende que a crueldade para com os animais ou outras crianças pode estar ligada ao desenvolvimento precoce da atividade sexual.[265] Tal premissa está na base de teorias mais tardias como a de J. M. MacDonald ("The Threat to Kill", 1963), sob a forma do conceito de zoosadismo (*zoosadism*), e compõe o perfil triangular do indivíduo preponderantemente violento.[266]

Podem as considerações de Freud explicar a violência de algumas passagens de Manoel?

É certo que as passagens a que aludo são, sem exceção, protagonizadas por crianças. Pense-se, a título de exemplo, em "Retrato do artista quando coisa" (10), em que a seguir a "A gente grosava a peça dos morcegos com o/ lado cego das facas/ Só para vê-los chiar com mais entusiasmo" é imediatamente sugerido um comportamento de ordem sexual precoce: "Fazíamos meninagem com as priminhas à/ sombra das bananeiras, debaixo dos laranjais".[267] Bem como no caso do besouro que, por dedução do mau trato, nos reporta rapidamente à infância: "Integrante: não sei de onde veio nem de que lado de/ mim entrou esse besouro. Devo ter maltratado com os/ pés, na minha infância, algum pobre-diabo".[268]

---

265. Cf. *Three Essays on The Theory of Sexuality*, *Op. cit.*, p. 1512. A partir do inglês: "*children who distinguish themselves by special cruelty towards animals and playmates usually give rise to a just suspicion of an intense and a precocious sexual activity*". Antes, sobre uma criança que assassinava borboletas, Freud também reparara: "*Who would guessed, to look at her, that she was tormented by sensual desires?*", *The Interpretation of Dreams*, *Op. cit.*, p. 763.

266. A par do *zoosadism*, MacDonald aponta o interesse desmedido pelo fogo e o *bed-wetting* (cf. Weatherby; Buller; McGinnis, 2009, p. 4).

267. RDAQC, 372.

268. APA, 178.

É ainda necessário lembrar "9. De calças curtas", que reúne provavelmente os melhores exemplos: "Pôr freio em cachorro e montar de espora"; "Pelotear passarinhos e soprar no cu dos semimortos"; "Fazer besouro nadar em querosene"; "Regaçar lagarto assustado"; "Experimentar se cágado entorta chaira mesmo com o sesso"; "Dar banho de álcool em urubu e soltar com fogo pra ver incêndio no céu"; "Destarraxar o traseiro dos gafanhotos"; "Desemendar cachorro com água pelando"; "Fazer barata dormir de costas"; "Matar bentevi a soco"; "Capar gato com caco de vidro"; "Enfiar ferro em brasa na cona das jacaroas"; "Espremer sumo de laranja no olho do sapo pra ver se arregala o horizonte"; "Arrolhar galinhas com sabuco"; "Cortar procissão de formiga na força do mijo".[269]

À semelhança do que já notara em "Retrato do artista quando coisa", essas passagens, que descrevem de modo claro a crueldade para com os animais, intercalam-se com outras de teor erótico: "Sondar as priminhas no banho" ou "Botar coração de anu-branco torrado na cabeça da namorada pra fim do corpo dela amolecer".[270]

---

269. LPC, 234.
270. *Ibidem.*

4. O HOMEM-ÁRVORE

ξυνὸν γὰρ ἀρχὴ καὶ πέρας ἐπὶ κύκλου περιφερείας
Comuns: o princípio e o fim na circunferência do círculo.
Heraclito

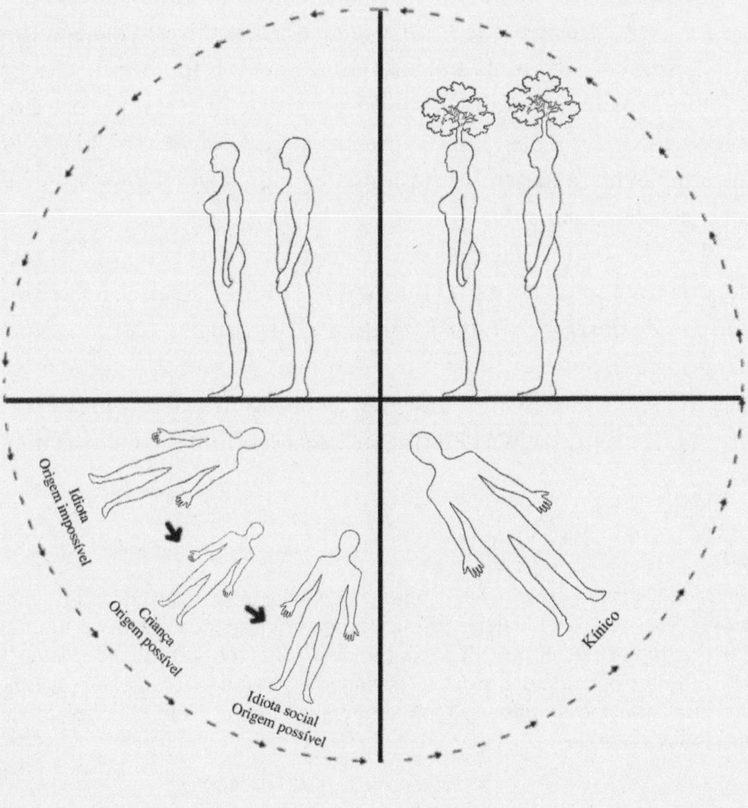

O segundo nascimento

Em 1677, Baruch Spinoza escreveu: "At homo ex legibus suæ naturæ absolute agit quando ex ductu rationis vivit" (*o ser humano age absolutamente segundo as leis da natureza quando vive sob a direção da Razão*).[271] Em 1989, Manoel escreveu n'*O Guardador de Águas*: "Nas Metamorfoses, em duzentas e quarenta fábulas,/ Ovídio mostra seres humanos transformados em/ pedras, vegetais, bichos, coisas".[272] E no séc. I, Ovídio abriu as *Metamorphoses* dizendo que "Ante mare et terras et quod tegit omnia caelum/ unus erat toto naturae vultus in orbe,/ quem dixere chaos" (*Antes de existir mar, terra e do céu tudo cobrir/ no mundo inteiro era só um o aspecto da natureza,/ quer dizer, o Caos*).[273]

A poesia kínica, explicada no ponto três desse ensaio, e relativa à animalização/vegetalização do humano, cumpre o ponto em que esses três autores tocam ao partir de uma ou mais perspectivas: a metamorfose.

A propósito da metamorfose em Manoel, Elton Souza debruça-se sobre o primeiro grande fato, ao notar que "a metamorfose é um potencializar a vida (...) um aumentar a vida através da Vida".[274] Por outras palavras: a metamorfose consiste no que aqui tenho designado por *segundo nascimento*.

É nesse sentido que a leitura de Spinoza se revela fundamental. A ideia de uma vida dentro de outra, que Spinoza defende a partir do conceito de desejo (*cupiditas*), partilha vários aspectos comuns com a metamorfose. Spinoza começa por debruçar-se, na *Ética*, sobre o "apetitus" (*apetite*), que está intimamente ligado ao corpo (*corpus*) e à alma (*mentem*), e representa a determinação do ser humano em executar a

---

271. *Et.* IV, Prop. XXXV, Corollarium 1.

272. OGA, 273.

273. *Met.* I, 5-7. Em Ovídio, bem como em Leão Hebreu (Cf. *Dialoghi*, II) e, por sua vez, em Spinoza, a matéria prima assume um grau de existência em muito semelhante – senão mesmo idêntico – ao de *Timeu* (50b-51b e 52e) de Platão.

274. Elton de Souza (2012, p. 4) acrescenta: "A visão da metamorfose não nos introduz em outro mundo: ela é um amar este mundo, é um 'dizer eu-te-amo para todas as coisas'".

agenda.[275] Spinoza nota igualmente que entre a *cupiditas* e o *apetitus* existe apenas uma diferença. O apetite antecede um ato inconsciente e o desejo antecede um ato consciente. A *cupiditas* é o *apetitus* de que se tem consciência.[276]

Elton de Souza refere-se à autonomia do desejo quando, acerca de Manoel, escreve sobre a metamorfose como uma vida dentro de outra. Procurada por Spinoza, a autonomia do desejo corresponde justamente ao encontro da natureza ou de Deus.[277] A autonomização ou a não-autonomização do ser ante o desejo diz respeito ao ponto em que se separam ser humano sábio e ser humano comum, pois, embora seja a libertação – *a metamorfose* – acessível a ambos, só os sábios e sábias se empenharão em atingi-la. A metamorfose insere-se no terceiro grau de conhecimento explicado por Spinoza, aquele que nos permite conhecer as coisas (*res*) como Deus as conhece. E Manoel é bastante

---

275. Cf. *Et.*, III, Prop. IX, Scholium: "Hic conatus cum ad mentem solam refertur, voluntas appellatur sed cum ad mentem et corpus simul refertur, vocatur appetitus, qui proinde nihil aliud est quam ipsa hominis essentia ex cujus natura ea quæ ipsius conservationi inserviunt, necessario sequuntur atque adeo homo ad eadem agendum determinatus est" (*Este esforço, quando referente à alma, chama-se vontade. Mas, quando referente à alma e ao corpo, chama-se apetite. O apetite não é senão a própria essência do ser humano, cuja natureza conserva o primeiro. Desse modo, o ser humano é determinado essas mesmas coisas*). As *agenda* (plural de *agendum*), ou o conjunto das "coisas" a serem executadas, dizem respeito àquilo que Spinoza vinha referindo quer na preposição quer na demonstração, isto é, às ideias – *claras* e *distintas* ou *confusas*.
276. *Idem*: "Deinde inter appetitum et cupiditatem nulla est differentia nisi quod cupiditas ad homines plerumque referatur quatenus sui appetitus sunt conscii et propterea sic definiri potest nempe cupiditas est appetitus cum ejusdem conscientia". (*Aliás, entre o apetite e o desejo não há nenhuma diferença, a não ser que o desejo pertence aos seres humanos que têm consciência do seu apetite e, por assim ser, o desejo pode ser definido como o apetite de que se tem consciência*).
277. Nota igualmente Maria Luísa Ribeiro Ferreira (2003, p. 43) que "o objectivo último é a união com toda a Natureza, de tal modo forte que domina as nossas paixões [...] como um afecto só pode ser substituído por outro afecto, a estabilidade só será adquirida quando nos unirmos com o objecto mais poderoso de todos – *Deus sive Natura*".

claro no que a isto diz respeito, quando escreve "Experimento o gozo de criar./ Experimento o gozo de Deus".[278]

Não por acaso, *cupido*, do grego ἔρως (*eros*), que tomou, pouco a pouco, a sua fisionomia – a de uma criança alada (às vezes, desprovida de asas) que se compraz em perturbar os corações –, pode elucidar-nos em relação ao desejo como o principal impulsionador da metamorfose.[279]

Vou por partes. Em Ovídio, o processo metamórfico cumpre sempre a mesma fórmula: humano + natureza = humano-natureza.[280] Lembra, além disso, o que já referimos a propósito do humor e da questão específica da transposição descritiva cômica (zoomorfização). Por isso, à parte todas as ligações que se possam estabelecer entre Ovídio e Manoel,[281] importa ressaltar o ponto em que a leitura de Spinoza os une por meio do *desejo* que, concentrado na figura do Cupido, antecede ou provoca a metamorfose, isto é, o segundo nascimento (*potentia agendi*).

---

278. RDAQC, 368. Sobre esses versos, Célia Sebastiana Silva (2009, p. 547-548) nota que "ao equiparar-se ao papel do Criador original, o poeta parece demolir, por meio da linguagem, esse mundo moderno, fragmentado e artificial, e re-criar um outro em todos os seres – humanos, vegetais, animais".

279. Embora Elton Souza identifique, em "Espinosa, Deleuze & Guattari: o desejo como metamorfose" (2012), o Cupido como um *daemon*, e tal afirmação se constate, o discorrer que a essa associação se segue é um tanto duvidoso. Ao mencionar a transformação do *daemon* em anjo – o que, até aqui, também não refuto –, Souza defende que as asas do primeiro nem sempre foram feitas de penas; que as penas são, aliás, o resultado da "visão cristã do mundo". Acrescenta ainda que as asas do *daemon* seriam, num primeiro momento, semelhantes às da borboleta. Não existem, porém, referências na Antiguidade que possam comprová-lo e, nesse sentido, a associação que Souza estabelece entre a metamorfose da larva em borboleta e a metamorfose da criança em criança alada é questionável. Talvez a confusão parta do termo grego Ψυχή (*Psychê*) que, em latim *spiritus* e em português *alma*, queria também dizer, em grego, *borboleta*. *Psychê* associa-se, por sua vez, a Eros, o Cupido, no mito cuja mais célebre versão pertence a Apuleio. Contudo, também não há, no *Asinus Aureus* (*Burro de Ouro*), qualquer ocorrência das palavras *papilio* ou *chrysalis*, o que invalida, de novo, as considerações de Souza.

280. A leitura de Ovídio é essencial para refletir sobre esse último ponto. Nas *Metamorfoses*, são vários os exemplos das transformações ocorridas a partir da seta disparada pelo Cupido. Veja-se o caso de Ésaco, XI, ou o do triângulo amoroso de Glauco, Cila e Circe, XIV, ou ainda o episódio relativo a Pico e Circe, XIV.

281. Sobre este assunto, cf. Thyago Cruz e Rosana Santos (2008, p. 68-73).

Sobre o uso do termo "metamorfose" em Manoel, a primeira passagem digna de nota encontra-se no *Livro de Pré-coisas* (1985). Na parte 6 de "O personagem", lê-se: "Deixou-nos um TRATADO DE METAMORFOSES cuja Parte XIX, *Livro de Pré-coisas*, transcrevemos". E a pergunta torna-se inevitável: integra, então, o *Livro de Pré-coisas* (Parte XIX do TRATADO) o *Livro de Pré-coisas*? A sua disposição gráfica responde que sim. Dividido em cinco retângulos, o segundo *Livro de Pré-coisas* não segue a paginação do restante volume. Abre, aliás, com Heraclito, outro autor que, como já fizemos notar a propósito de Ovídio ou Spinoza, entende a matéria como um Uno vivo manipulável:[282] "Tudo, pois, que rasteja partilha da terra". Trata-se do fragmento DK B11 (πᾶν γὰρ ἑρπετὸν πληγῇ νέμεται), para o qual se poderiam oferecer traduções várias, e que introduz, de modo conciso, o objetivo essencial da parte XIX deste TRATADO, a confusão entre humanos, vegetais e animais.

O processo linguístico é idêntico àquele que exploramos a respeito do desobjeto no capítulo 3a e a aparente sugestão do cruzamento sexual entre seres vivos, explorada igualmente no capítulo 3d, volta a repetir-se: "Sorna lagarta curta recorta a roupa de um osso"; "Sapo nu tem voz de arauto"; "Era um peixe esquisito pra cachorro"; "Sapos com rio atrás da casa atraem borboletas amarelas" ou "Marandovás me ensinam, com seu corpo de sanfona, a andar em telhas".

São, sobretudo, os animais ou tipos de fenômenos naturais (*eg.*, o rio) que se metamorfoseiam em outras formas e que, desse modo, acolhem o ser humano no processo metamórfico. O gesto kínico, que começa por distanciar-se da civilização para imitar o comportamento animal, vem corroborar esse raciocínio. A recusa do tom elevado, o cruzamento de realidades díspares, a personificação, bem como a zoo-

282. Inscrito, portanto, no grupo dos que consideram a matéria viva, compondo uma unidade indeterminada e, por isso, mais instável, Heraclito centraliza, nas suas sentenças oraculares, a ideia da unidade. Cf. DK B50: "οὐκ ἐμοῦ, ἀλλὰ τοῦ λόγου ἀκούσαντας ὁμολογεῖν σοφόν ἐστιν ἓν πάντα εἶναι" (*Entre os que me escutam – não a mim, mas ao* Logos, *– sábio é aquele que reconhece que todas as coisas são uma*).

morfização, a copulação entre palavras ou entre autor e palavras são, por isso, valores de uma poesia kínica. Não há, porém, em Manoel, sinal de uma metamorfose tão detalhada, demorada e completa como a de Bernardo em árvore. Não existe quem, como Bernardo, nasça duas vezes na mesma vida.

Bernardo da Mata

Em Manoel, Bernardo é o homem que nasce pela segunda vez.

Surge, em 1985, no *Livro de Pré-coisas*: "Quando de primeiro o homem era só, Bernardo era".[283] Não existe ainda uma sistematização cuidada do seu perfil. Na verdade, ao ler sobre Bernardo, a maioria dos críticos tende a concluir que Manoel e Bernardo são o mesmo. Walquíria Gonçalves Béda entende Bernardo da Mata como um *alter ego* de Manoel de Barros, sugerindo até um processo de heteronímia como aquele que encontramos em Fernando Pessoa.[284] Celso José Cirilo defende igualmente Bernardo como um "outro eu" de Manoel e, à semelhança de Béda, acrescenta ainda que a presença de Bernardo é, a partir de *Livro de Pré-coisas*, evidente em todos os livros.[285] Afirmação que, de resto, pode ser facilmente refutada, visto Bernardo não aparecer, por exemplo, em *Ensaios Fotográficos* (2000), *Poemas Rupestres* (2004) ou *Poeminha em Língua de Brincar* (2007). Também Thyago Cruz e Rosana Santos notam que o narrador do *Livro de Pré-coisas* e Bernardo parecem confundir-se por meio da utilização indefinida dos pronomes.[286]

---

283. LP, 219.
284. Cf. "Traços autobiográficos em Manoel de Barros: a construção poética em si mesmo" (*in* Béda, 2009, p. 117-133).
285. "Bernardo da Mata é uma figura recorrente na obra de Manoel de Barros desde 1985, quando surgiu no *Livro de Pré-coisas*. Desde então apareceu em todos os livros publicados pelo poeta" (Cirilo, 2011, p. 14).
286. "[...] o narrador inicia a sua viagem em busca de seu personagem, que mais tarde será revelado na figura de Bernardo, no capítulo "O personagem". Deve-se, aqui, chamar a atenção para o demonstrativo seu: não sabemos, a princípio, se tal pronome remete-se a um personagem que está dentro do próprio narrador,

Ora, se as considerações de Walquíria Beda e Celso Cirilo são posteriores à publicação do documentário *Só Dez por Cento é Mentira. A Desbiografia Oficial de Manoel de Barros* (2008) de Pedro Cezar, decerto não poderão ter ignorado o fato de Bernardo ter realmente existido. Em *Só Dez por Cento é Mentira*, Pedro Cezar explora a figura do amigo Bernardo que, então falecido, vive nos testemunhos de outros. E, surpreendentemente, os testemunhos assemelham-se às descrições incluídas nos poemas de Manoel.

Mas tudo isso é, na verdade, irrelevante. Se, por um lado, poeta e Bernardo partilham características semelhantes, por outro lado, Bernardo, constantemente referido na terceira pessoa, é o centro de episódios que o poeta, por incapacidade, não protagoniza. E, além disso, Bernardo não integra a lista de *alter egos* no poema "A borra", publicado em 2000: "Também os meus alter egos são todos borra,/ (...) – tipo Bola Sete, Mário Pega Sapo, Maria Pelego/ Preto".[287]

A questão resolve-se aparentemente em 2013, quando, em entrevista com Bianca Magela Melo, Manoel repete expressões utilizadas nesses artigos, nomeadamente "alter ego" e "outro eu", e admite que, de certo modo, ele próprio e Bernardo são um só.[288] No entanto, por se tratar de uma entrevista, possivelmente mais suspeita do que os materiais supracitados, a dúvida mantém-se. A ausência de resposta não constitui, contudo, um problema. O verdadeiro problema reside no fato de as considerações acerca de Bernardo ficarem por aqui.

---

numa ação reflexiva, ou a outro indivíduo alheio a ele, numa ação anafórica. Há uma aparente simbiose entre o narrador e Bernardo" (Cruz & Santos, 2008, p. 70).

287. EF, 402.

288. "O Bernardo poético permanece como um ente misterioso que Manoel prefere tratar só nos versos. Quando pergunto se é alterego, ele diz não gostar da palavra, mas concorda que é algo assim, como outro eu. À questão sobre o sentido do deserto descrito no poema, fala que se trata de um verso bonito e revela que o livro é uma homenagem ao amigo. "Não era pseudônimo ou coisa parecida. Era amigo especial. Não era ser humano comum". Fluente em outras respostas, nesta ele se restringe ao essencial. Admite que Bernardo é responsável pela infantilização de suas palavras, o que dá uma importância grande ao personagem" (Melo, 2013).

De fato, ao longo da sua evolução – pois é ele a única personagem que evolui –, Bernardo representa o ideal kínico. Nessa ordem de ideias, podemos, sem dificuldades, concebê-lo à medida dos parâmetros que, sobre a poesia kínica, enumeramos no capítulo 3. Passo, portanto, a expor os tópicos e, em seguida, o desenvolvimento dos tópicos b) e e):

Tópicos

a) Abolição da hierarquia dos objetos (Bernardo é o dono do maior acervo de desobjetos citados em Manoel. *Vide* "Os desobjetos", *Escritos em Verbal de Ave*, 2011);

b) Fim da ambição social e abolição da hierarquia social ("o grande luxo de Bernardo é ser ninguém");[289]

c) Kínico, o socialmente excluído ("Bernardo nem sabia que houvera recebido o privilégio/ do abandono");[290]

d) Recurso ao humor ("A mãe disse que Bernardo é bocó. Uma pessoa sem pensa");[291]

e) Adoção de outra forma de diálogo ("Silêncio dele é tão alto que os passarinhos ouvem/ de longe");[292]

f) Relação do kínico com a criança ("Por dentro não arredou de criança"[293]; "Ele [Bernardo] tinha visões que remetiam a gente/ para a infância");[294]

g) Comportamentos de ordem sexual ("Nos fundos da cozinha onde se jogam latas de vermes ávidos, lesma e ele [Bernardo] se comprazem");[295]

Desenvolvimento dos tópicos b) e e)

289. LP, 223.
290. MM, 459.
291. LSN, 343.
292. LI, 330.
293. LP, 223.
294. EPVA, s/p.
295. LPC, 220.

b) Fim da ambição social e abolição da hierarquia social:

Para além do verso transcrito acima, Bernardo já desprezara qualquer tipo de reconhecimento social, quando, em *Livro de Pré-coisas* (1985), negou a fama adjacente ao pioneirismo do movimento *hippie*.

Mas Bernardo não é o único exemplo de uma personagem despreocupada com a ambição e a hierarquia sociais. Existem ainda os casos de Seu França e Aristeu. Seu França aparece na parte 13 de "Seis ou treze coisas que aprendi sozinho", em *O Guardador de Águas* (1989). Aristeu, na "Apresentação" de "Caderno de andarilho", em *Concerto a Céu Aberto para Solos de Ave* (1991). Ambos reúnem aspectos que são centrais para a caracterização de Bernardo. De Seu França, repete-se, por duas vezes, a ideia de que "não presta pra nada".[296] Ao fim da segunda repetição, é-nos finalmente dado o fundamento, "Disse que precisa de não ser ninguém toda vida",[297] sobre o qual se discorre logo depois: "De ser o nada desenvolvido./ E disse que o artista tem origem nesse ato suicida".[298]

Já Aristeu constitui um caso particular em Manoel. Dele, começa por dizer-se que "estava em final de árvore",[299] o que é, desde logo, inédito ao longo dos vinte e quatro volumes. Além de Bernardo, nenhuma outra personagem (pelo menos, identificada)[300] atinge o estado da árvore. Nessa sequência, *ser ninguém* parece estar na base da metamorfose: "O que Gogol falou sobre Akaki Akakievitch,/ eu diria de Aristeu:/ 'Um homem que desceu à sepultura sem ter/ realizado um só ato excepcional'".[301]

296. GDA, 270.
297. *Ibidem.*
298. *Ibidem.*
299. CCAPSA, 295.
300. Cf. "Árvore", EF, 402: "Um passarinho pediu a meu irmão para ser a sua árvore./ Meu irmão aceitou de ser a árvore daquele passarinho".
301. CCAPSA, *idem.*

e) Adoção de outra forma de diálogo:

Dois dos primeiros apontamentos sobre Bernardo dizem respeito ao seu silêncio: "língua de folha e escama, sua voz quase inaudível"[302] e "Dedico este livro/ ao Bernardo da Mata:/ um ser cuja palavra/amplia o silêncio".[303] Como nota Julio Galharte, o silêncio constitui uma das principais problemáticas do universo barreniano.[304] E parte, para lembrar Agamben, da própria impotência ou da capacidade para *ser* rigorosamente nada. À impotência opõe-se, claro está, a potência que consiste, antes de tudo, na capacidade de falar.

Desse modo, quando Manoel justifica o silêncio de Bernardo com o fato de a sua garganta ter dentro uma "caverna de pássaros", está a reforçar o que Agamben pede ao poeta.[305] A potência plena, consciente e, no entanto, longe de ser posta em prática, tem como propósito final *o que não se diz*.

E reitero: "em língua de folha e de escama, sua voz quase inaudível. É que tem uma caverna de pássaros dentro de sua garganta escura e abortada". Para perguntar: o silêncio de Bernardo funde-o com a natureza ou é a natureza que o torna silêncio?

A leitura de passagens como "Silêncio dele é tão alto que os passarinhos ouvem/ de longe"[306] leva-me a ponderar os dois processos. Quero dizer: o silêncio antecede a metamorfose em natureza e a metamorfose em natureza eterniza o silêncio.

---

302. LP, 219. Pertinente também reparar que, no caso de não haver referência ao silêncio de Bernardo, há referência a outras vias de uma aparente não-comunicação: "Bernardo escreve escorreito, com as unhas, na água,/ O Dialeto-Rã" (OGA, 252).

303. PEAUP, 13.

304. E, por isso, Julio Galharte (2007, p. 2) dedica-lhe *Despalavras de Efeito: Os Silêncios na Obra de Manoel de Barros*: "Certa vez, Drummond afirmou que Barros era o maior poeta vivo do Brasil. É bem possível que a força e a qualidade poéticas de Manoel, notadas por Carlos, devam-se em parte aos silêncios que há nos escritos do autor de *Livro sobre nada*, cujo nada, inclusive, é definido como um *alarme para o silêncio*".

305. "Apenas no ponto em que nos conseguimos calar neste Tártaro e fazer experiência da nossa própria impotência nos tornamos capazes de criar, nos tornamos poetas" (Agamben, 2007, p. 24).

306. LI, 330.

O silêncio, porque se prende com a *origem impossível* – lembro, por exemplo, as vozes monossilábicas de Vico –, revela-se, quer pelo verbo obscuro ou mudez da criança quer pelo comportamento kínico, um dos mais importantes aspectos da *origem possível*:[307]

Reprodução do gráfico de Puccinelli Orlandi
sobre o silêncio para o ser humano primordial e o ser humano moderno

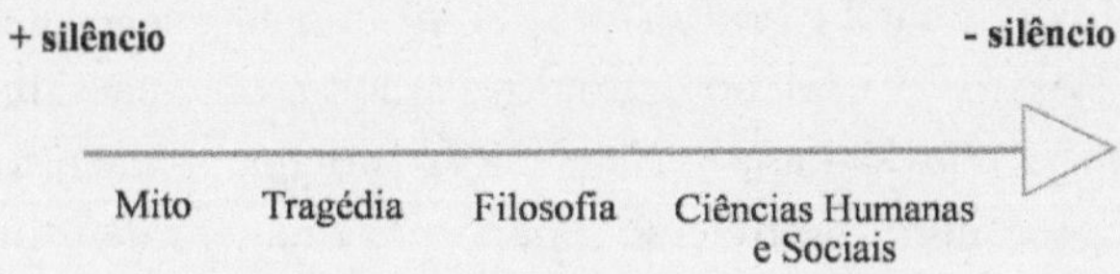

Proposta de gráfico para as duas vertentes do Silêncio
a partir do Círculo dos três movimentos com vista ao Homem-árvore

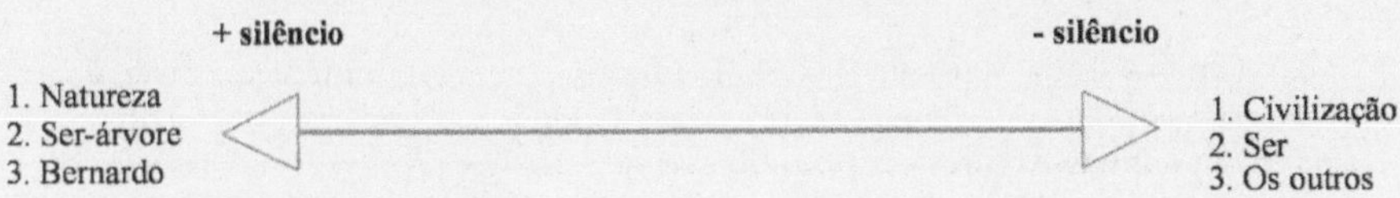

O segundo processo diz respeito à metamorfose em natureza. No caso particular de Bernardo, em árvore e, mais tarde, em passarinho.

A árvore, que, como aqui já foi dito, une simbolicamente céu e terra, vem sendo, desde tempos imemoriais, a base de um tema cos-

307. A propósito do gráfico, Eni Puccinelli Orlandi (1993, p. 38-39) comenta: "No mito, a significação prescinde da explicação cabal de seus modos de significar. Já na tragédia essa explicitação começa a se alargar. [...] No caso da filosofia, se para um outro discurso, em que se tematiza vastamente o sentido em sua relação com o ser. Percurso que desemboca nas Ciências Sociais e Humanas, que se instituem em várias disciplinas diferentes com distintos objetos e discursos diversos para falarem dessa mesma coisa. Dominado pelas múltiplas metalinguagens, o fato tem de significar nas diferentes 'explicações' que, por sua vez, o povoam de muitos signos. Exílio do silêncio".

mológico unificador com consequências diretas num número bastante considerável de culturas ancestrais.[308] Entre os mitos, os contos tradicionais e as lendas, a importância do simbolismo da árvore, arquétipo da presença divina, cresce a partir da imagem da *Árvore Cósmica*.[309]

No texto persa *Bahman Yašt*, datado do séc. VI, a Árvore Cósmica introduz os vários períodos da história mítica do Irã zoroástrico.[310] No texto tradicional da mitologia germânica, num dos excertos dos *Eddas*, volta a repetir-se a ideia da Árvore como a origem e manifestação da divindade e do Kosmos. O mesmo acontece, como nota Maria do Rosário Pontes, no Egito dos Faraós, com o carvalho, ou na Mesopotâmia, com kiškanu.[311] Na tradição indiana, as narrativas mais antigas representam o universo a partir da imagem de uma árvore gigante. Nos Upanishades, o Kosmos é representado por uma árvore invertida. Nas tradições dos Achilpa, uma tribo Arunta, a divindade Numbakula trepou, nos inícios dos tempos, até ao céu pelo tronco de uma árvore. E, como nota Mircea Eliade, os povos africanos hamitas e hamitóides partilham o símbolo da árvore como escada para o céu.[312]

---

308. Lembra ainda Maria do Rosário Pontes (1998, p. 199) um terceiro nível, o subterrâneo: "nas raízes mais arcaicas da mitologia [...] podemos descortinar até que ponto as Árvores eram sentidas enquanto agentes privilegiados da comunicação entre três mundos, o subterrâneo, a superfície e os céus", "A árvore: um arquétipo da verticalidade".

309. Mircea Eliade, em *Le Sacré et le Profane* (1957, p. 74), identifica, para além da *Árvore Cósmica*, a *Árvore da Vida*, a *Árvore da Imortalidade*, a *Árvore da Juventude* e a *Árvore da Sabedoria*: "Além das árvores cósmicas, como Yggdrasff, da mitologia germânica, a história das religiões conhece Árvores da Vida (Mesopotâmia), da Imortalidade (Ásia, Antigo Testamento), da Sabedoria (Antigo Testamento), da juventude (Mesopotâmia, Índia, Irã)".

310. Refiro-me concretamente ao momento em que Ahura Mazda (*apud* Costa, 2008, p. 19) revela a Zoroastro que a árvore é o mundo criado por ele: "E, a partir disto, ele viu o tronco de uma árvore onde havia quatro galhos, um de ouro, um de prata, um de aço e um [no qual] ferro havia sido misturado. [...] Estes quatro galhos são as quatro épocas que virão". Dignas de nota são também as semelhanças entre esse texto e o mito das quatro idades ou, na versão de Hesíodo, o mito das cinco idades.

311. Para ler mais sobre a árvore kiškanu, cf. S. Langdon (1928, p. 843-848).

312. Escreve Eliade (1956, p. 32): "O Céu é concebido como uma imensa tenda sustentada por um pilar central: a estaca da tenda ou o poste central da casa são

Arquétipo da evolução vital, a Árvore Cósmica, além de simbolizar o crescimento cíclico da natureza, diz respeito igualmente ao percurso de amadurecimento do indivíduo, no sentido da ascensão – o que implica, desde logo, a renúncia à fraqueza ou à imperfeição –, e, em último caso, da realização espiritual.

Não era isso mesmo que Spinoza defendia quando, ao referir-se ao desejo, introduzia a ideia do aumento do ser? E não é isso mesmo que Manoel explora com base na transformação de Bernardo em árvore?

A primeira sugestão da metamorfose de Bernardo encontra-se no *Livro de Ignorãças* (1993), na XII parte de "Mundo pequeno", em que se revela que "Bernardo é quase árvore".[313] Só oito anos depois, Manoel considerará o estado pleno de árvore, em *O Fazedor de Amanhecer* (2001): "Bernardo já estava uma árvore quando/ eu o conheci".[314] A pergunta forma-se a partir da demora: o que se situa, então, entre o quase estado e o estado pleno?

A resposta constitui-se, por sua vez, a partir dos três livros publicados entre *O Livro das Ignorãças* e *O Fazedor de Amanhecer*: *Livro sobre Nada* (1996), *Retrato do Artista Quando Coisa* (1998) e *Tratado Geral das Grandezas do Ínfimo* (2001).[315]

Em *Livro sobre Nada*, começa-se por marcar a diferença que existe entre Bernardo e os outros. Em *Retrato do Artista Quando Coisa*, Bernardo assume o papel que irá encarnar até à mais recente publicação de Manoel, o de quem, a nível gnosiológico, sobressai entre os restantes. A epígrafe de *Tratado Geral das Grandezas do Ínfimo* vem, de resto, repeti-lo, "Para ele a pureza do cisco dava alarme", e é da autoria do próprio Bernardo.[316] "Pois pois", que antecede o poema "O livro de Bernardo" torna-o ainda mais evidente: "Passei muitos anos a rabiscar,

---

assimilados aos Pilares do Mundo e designados por este nome. Esse poste central tem um papel ritual importante: é na sua base que têm lugar os sacrifícios em honra do Ser supremo celestial".

313. LI, 330.

314. OFA, 484.

315. À exceção de *Ensaios Fotográficos*.

316. TGGI, 407.

neste caderno, os/ escutamentos de Bernardo./ Ele via e ouvia inexistências./ Eu penso agora que esse Bernardo tem cacoete para/ poeta".[317]

Por sua vez, "O livro de Bernardo", composto por cinquenta e duas estrofes, reúne, na realidade, cinquenta e duas lições, entre as quais algumas não poderão, no plano do inteligível, ser compreendidas. A saber:

O silêncio
está úmido
de aves.

A chuva
azula a voz
das andorinhas.

Águas que sabem
a pedras
sabem a rãs.

O dia estava
em condições de boca
para as borboletas.[318]

A lista dos exemplos continua até que, como já avançamos, Bernardo acaba por transformar-se em árvore: "Passarinhos já construíam casas na palha/ do seu chapéu/ (...) E os cachorros usavam fazer de poste as suas/ pernas".[319] O Círculo completa-se.

E recomeça. Como nota Maria do Rosário Pontes, a transcendência implicada no arquétipo vertical da árvore não invalida o motivo ancestral da morte, porque é a morte, como verificamos no capítulo 1,

---

317. TGGI, 419.
318. TGGI, 423, 425.
319. OFA, 484.

a base do desejo de nascer pela segunda vez. Trata-se da ordem natural das coisas.

Concluindo, Bernardo deverá, como os outros, morrer.

Regressar à terra. E, pela mesma razão, o seu funeral constitui o tema central de um dos últimos livros de Manoel, *Escritos em Verbal de Ave* (2011):

> Deixamos Bernardo de manhã
> em sua sepultura
>
> De tarde o deserto já estava em nós[320]

320. EPVA, s/p.

POSFÁCIO

Guimarães Rosa disse-me uma vez que ficara surpreso e feliz por ser bem entendido em Portugal, onde nunca ninguém censurara as supostas excentricidades, maneirismos e malabarismos no uso inventivo que fazia da língua portuguesa a partir da fala mineira e do seu conhecimento do sertão. Talvez o seu amigo Manoel de Barros pudesse dizer coisa idêntica, ele que se valeu da fala matogrossense e do seu conhecimento do pantanal.

Obtendo grande sucesso em terras portuguesas, a sua obra cedo deslumbrou a jovem Patrícia Lino, que desde os bancos da Faculdade de Letras do Porto se empenhou no estudo e na divulgação de escritores brasileiros. Sem renegar a sua grande "paixão" pela prosa de Clarice, ela, também poetisa (e artista plástica), iria dedicar-se especialmente à poesia de Manoel de Barros em extenso trabalho universitário que prosseguiria nos Estados Unidos.

Mas, beneficiando de uma sólida formação cultural ou literária clássica e moderna, e dispondo de um atualizado aparato crítico, ela achou por bem fugir a veredas ou lugares comuns da crítica do autor da *Gramática Expositiva do Chão* – fossem as da exploração simples da linguística (léxico, sintaxe...), da estilística (metáforas, sinestesias...), da oralidade ou da coloquialidade, fossem as da pesquisa de influências modernistas, surrealistas, esotéricas, fossem as da descrição mais ou menos escolar de temas e motivos relacionados com o mundo infantil ou com a realidade matogrossense.

O que Patrícia Lino fez, como se seguisse logo a lição de um autor que nunca se conformou com o cliché, o cânone ou a doxa, foi tentar perceber em três movimentos bem coordenados a originalidade e as origens da poesia manoelina. Apontando o que nessa poesia implica ou interroga justamente as origens do homem, mas também da terra, da linguagem e da poesia, assinalando o que chama "desvios" dessa poesia (de normas sociais, perceptivas ou expressivas), ou valendo-se do conceito de "homem-árvore", a jovem autora deste ensaio mostra bem como Manoel de Barros quer o homem sempre em relação com o não-humano e o pré-humano (mineral, vegetal, pré-coisas, bichos...) e quer ver o homem no no seu dia inaugural, na sua nudez total, livre ou liberto da sua "jaula ontológica" e social, ou, como o seu parente Alberto Caeiro, "nascido a cada momento para a eterna novidade do mundo."

ARNALDO SARAIVA

BIBLIOGRAFIA

MANOEL DE BARROS

BARROS, Manoel de. *Gramática Expositiva do Chão (Poesia Quase Toda)*. Rio de Janeiro: Civilização Brasileira, 1990.

______. *Para Encontrar O Azul Eu Uso Pássaros*. Campo Grande: Saber Sampaio Barros Editora, 1999.

______. *Poesia Completa*. Lisboa: Caminho, 2010:

Poemas Concebidos sem Pecado [1937]
Face Imóvel [1942]
Poesias [1947]
Compêndio para Uso dos Pássaros [1960]
Gramática Expositiva do Chão [1966]
Matéria de Poesia [1970]
Arranjos para Assobio [1980]
Livro de Pré-coisas [1985]
O Guardador de Águas [1989]
Concerto a Céu Aberto para Solos de Ave [1991]
O Livro das Ignorãças [1993]
Livro sobre Nada [1996]
Retrato do Artista quando Coisa [1998]
Exercícios de Ser Criança [1999]
Ensaios Fotográficos [2000]
O Fazedor de Amanhecer [2001]
Tratado Geral das Grandezas do Ínfimo [2001]
Cantigas por Um Passarinho à Toa [2003]
Poemas Rupestres [2004]
Poeminha em Língua de Brincar [2007]
Menino do Mato [2010]

______. *Escritos para Verbal de Ave*. São Paulo: Leya, 2011.

______. *Memórias inventadas. As infâncias de Manoel de Barros*. São Paulo: Planeta, 2012.

BIBLIOGRAFIA GERAL

ADORNO, T. *Notas de Literatura I*, trad.: Jorge de Almeida. São Paulo: Duas Cidades, 2003 [1958].

______.; HORKHEIMER, Max. *Dialética do Esclarecimento*, trad.: Guido Antonio de Almeida. Rio de Janeiro: Jorge Zahar Ed., 1985 [1944].

AGAMBEN, Giorgio. *Bartleby, Escrita da Potência*, ed.: Giorgio Agamben e Pedro A. H. Paixão. Lisboa: Assírio & Alvim, 2007 [1993].

______. *Enfance et Histoire*, trad.: Yves Hersant. Paris: Petite Bibliothèque Payot, 2000 [1978].

ALMEIDA, Marinei. "Poesias de língua portuguesa: erotismo e sedução na e da linguagem". *Scripta*, Belo Horizonte, v. 14, n. 27, 2º sem. 2010.

ALVES, Jucimara Braga. *O Poeta que Pinta. Um Estudo dos Tópoi de Manoel de Barros*. Boa Vista: Universidade Federal de Roraima, 2012.

AMANULLAH, Shabbir; OOMMAN, Sabu K.; DATTA, Soumitra Shankar. "«Diogenes syndrome» revisited", *The German Journal of Psychiatry*, Göttingen, The University of Göttingen, s/d, p. 38-45. Disponível em: <http://www.gjpsy.uni-goettingen.de/gjp-article-amanullah.pdf>.

ANDRADE, Carlos Drummond de. *Antologia Poética*. Lisboa: Relógio D'Água, 2007.

ANDRADE, Mário de. *Macunaíma*. Lisboa: Antígona, 1998 [1928].

ANDRADE, Oswald de. *Pau-Brasil*. São Paulo: Globo, 2000 [1925].

ANKARLOO, Sbengt; CLARK, Stuart. *Witchcraft and Magic in Europe:* Ancient Greece and Rome, vol. 2, Pensilvânia, University of Pennsylvania Press, 1999.

ARRIGUCCI JÚNIOR, Davi. "O Mundo misturado: romance e experiência em Guimarães Rosa", *Novos Estudos*, (40):07-29, São Paulo, Centro Brasileiro de Análise e Planejamento, nov. 1994.

ASSUNTO, Rosário. *Enciclopedia Universale dell'Arte*, v. IX. Firenze: Casa Editrice Sansoni, 1967.

BÁEZ, Renato. *Corumbá: Figuras & Factos*. São Paulo: Edição de Autor, 1964.

BANDEIRA, Manuel Bandeira. *Estrela da Vida Inteira*. Rio de Janeiro: Nova Fronteira, 1993 [1966].

BARBOSA, Luiz Henrique. *Palavras do Chão: Um Olhar sobre a Linguagem Adâmica em Manoel de Barros*. São Paulo: Annablume, 2003.

BARROS, Nismária. *O Lugar do Leitor na Poesia de Manoel de Barros*. Goiás: Universidade Federal de Goiás, 2010.

BARTHES, Roland. *A Câmara Clara*, trad.: Manuela Torres. Lisboa: Edições 70, 2012 [1980].

______. *Crítica e Verdade*, trad.: Madalena da Cruz Ferreira. Lisboa: Edições 70, 2007 [1966].

______. *Le Plaisir du Texte*. Paris: Editions du Seuil, 1973.

BATAILLE, George. *O Erotismo*, trad.: João Bénard da Costa. Lisboa: Antígona, 1988 [1957].

BÉDA, Walquíria Gonçalves. *A Construção Poética de Si Mesmo: Manoel de Barros e A Autobiografia*. Assis: Faculdade de Ciências e Letras de Assis, 2007.

______."Traços autobiográficos em Manoel de Barros: a construção poética em si mesmo", *Nas Trilhas de Barros – Rastros de Manoel*. (Rosana Cristina Zanelatto Santos org.). Campo Grande: Universidade Federal de Mato Grosso, 2009.

BENJAMIN, Walter. *Origem do Drama Trágico Alemão*, trad.: João Barrento. Lisboa: Assírio & Alvim, 2004 [1928].

BERGSON, Henri. *O Riso*, trad.: Guilherme de Castilho. Lisboa: Guimarães Editora, s/d [1956].

BOUSOÑO, Carlos. *Superrealismo Poético y Simbolización*. Madrid: Gredos, 1979 [1978].

BRÉCHON, Robert. *Le Surréalisme*. Paris: Armand Colin, 1971.

BRETON, André. *Manifestos do Surrealismo*, trad.: Pedro Tamen. Lisboa: Moraes Editores, 1985 [1962].

BRUNACCI, Maria Izabel. "A crítica da modernidade na poética de Manoel de Barros e José Paulo Paes". *Estudos de Literatura Brasileira Contemporânea*, n. 19, Brasília, mai.-jun., 2002.

BURKERT, Walter. *Mito e Mitologia*, trad.: Maria Helena da Rocha Pereira. Lisboa: Edições 70, 2001.

CAMPOS, Haroldo de. *Metalinguagem e Outros Temas*. São Paulo: Perspectiva, 1992.

CARONE, Modesto. *A Poética do Silêncio*. São Paulo: Editora Perspectiva, 1979.

CARPINEJAR, Fabricio. *Teologia do Traste: A Poesia do Excesso de Manoel de Barros.* Porto Alegre: Universidade do Rio Grande do Sul, 2001.

CARVALHO, José Herculano de. *Teoria da Linguagem.* Coimbra: Coimbra Editora, 1984.

CASTELLO, José. "Manoel de Barros faz do absurdo sensatez". *O Estado de São Paulo*, Mato Grosso do Sul, Caderno 2, 18 out. 1997. Disponível em: <http://www.revista.agulha.com.nom.br./castel11.html>.

CASTRO, Afonso. *A Poética de Manoel de Barros: A Linguagem e A Volta à Infância.* Campo Grande: FUCMT – UCDB, 1992.

CHEVALIER, Jean. *Diccionario de los Símbolos*, trad.: Manuel Silvar e Arturo Rodriguez. Barcelona: Herder, 1986 [1969].

CIRILO, José Celso. "Ethos e estilo em "«O livro de Bernardo» de Manoel de Barros". *Ao Pé da Letra*, v. 13.1, Universidade Federal de Pernambuco, 2011.

CITELLI, Adilson. "A poesia de Manoel de Barros: entre o regional e o universal". *Comunicação & Educação*, São Paulo, ECA/USP e FFLCH/ USP, XIV, n. 3, set./dez. 2009.

CORTEZ, Claudia. "Diálogo entre seres". *Estudos de Literatura Brasileira Contemporânea*, Brasília, n. 6, abr. 2000.

COSTA, Júlia. "A «Árvore Cósmica» num apocalipse persa", *Oracula*, 4.7, São Bernardo do Campo, 2008.

CRUZ, Thyago; SANTOS, Rosana."Ecos oividianos na poesia de Manoel de Barros". *Anais, XXIII SEC.* Araraquara: Universidade Estadual Paulista "Júlio de Mesquita Filho", 2008.

ELIADE, Mircea. *O Sagrado e O Profano*, trad.: Rogério Fernandes. São Paulo: Livraria Martins Fontes, 1992 [1957].

FERNANDES, José. *A Loucura da Palavra.* Barra das Garças: Universidade Federal de Mato Grosso, 1987.

FERREIRA, Maria Luísa Ribeiro. *Uma Suprema Alegria: Escritos sobre Espinosa.* Coimbra: Quarteto Editora, 2003.

FIOROTTI, Devair Antônio. *A Palavra Encena. Uma Busca de Entendimento da Linguagem Poética a partir de Manoel de Barros.* Brasília: Instituto de Letras da Universidade de Brasília, 2006.

FOUCAULT, Michel. "Of other spaces: utopias and heterotopias", *Rethinking Architecture: A Reader in Cultural Theory*, ed.: Neil Leach. Londres: Routledge, 1997.

______. *Les Mots et les Choses*. Paris: Gallimard, 1966.

FREUD, Lucian. Freud — *Complete Works*, v. 1, ed.: Ivan Smiths, 2000, 2007, 2010, 2011, p. 1483 e p. 1483. Disponível em: <https://ia601501.us.archive.org/25/items/Freud-CompleteWorks_365/Freud_Complete_Works.pdf>.

FRIAS, Joana Matos. "A retórica da visão na poética clássica", Universidade do Porto, 2009. Disponível em: <http://repositorio-aberto.up.pt/bitstream/10216/13758/2/6661000071962.pdf>.

______. *Retórica da Imagem e Poética Imagista na Poesia de Ruy Cinatti*, vol. 1. Porto: Faculdade de Letras da Universidade do Porto, 2006.

GALHARTE, Julio. *Despalavras de Efeito: Os Silêncios na Obra de Manoel de Barros*, São Paulo, Universidade de São Paulo, 2007.

GOULART, Audemaro Taranto. "A insatisfação com as margens". In: *Outras Margens: Estudos da Obra de Guimarães Rosa* (Lélia Pereira Duarte e Maria Teresa Abelha Alves orgs.), Belo Horizonte, Pontifícia Universidade Católica de Minas Gerais, 2001.

GRUPO μ. *Rhétorique de la Poésie*. Paris: Éditions du Seuil, 1990 [1977].

GUSDORF, Georges. "L'autobiographie, échelle individuelle du temps", *Leituras do Tempo*. Lisboa: Universidade Internacional, 1990.

HEBREU, Leão. *Dialoghi d'amore*, II, Bari, Laterza & Figli, Bari, 1929 [1535].

HEIDEGGER, Martin. *Being and Time*, trad.: Joan Stambaugh. Nova Iorque: State University of New York Press, 1996 [1927].

______. *Gesamtausgabe, 53*. Frankfurt am Maim: Vittorio Klostermann, 1993 [1984].

HEITSCH, Dorothea B."Approaching death by writing: Montaigne's essais and the literature of consolation", *Literature and Medicine*, 1, 19, Project Muse, Spring 2000.

HUIZINGA, Johan. *Homo Ludens*, trad.: João Paulo Monteiro. São Paulo: Perspectiva, 2000 [1938].

JARDIM, Antonio. *Música: Vivência do Pensar Poético*. Rio de Janeiro: 7 Letras, 2005.

JUNG, Carl G. *O Homem e Seus Símbolos*, trad.: Maria Lúcia Pinho, Rio de Janeiro, Nova Fronteira, s/d.

JÚNIOR, Dário. "O bestiário poético de Manoel de Barros". *Literatura em Debate*, v. 2, n. 3, PPG Letras da URI de Frederico Westphalen, 2008.

JÚNIOR, Júlio. "O que é bom para o lixo é bom para a poesia". *Revista Litteris*, n. 11, Niterói, Universidade Federal Fluminense, mar. 2013.

KAPLAN, Harold. I.; SADOCK, Benjamin J.. *Tratado de Psiquiatria*, trad.: Andrea Caleffi, Dayse Batista, Irineo C. S. Ortiz, et. al, vol. 2. Porto Alegre: Artmed, 1999.

KRISTEVA, Julia. *História da Linguagem*, trad.: Maria Margarida Barahona. Lisboa: Edições 70, 1969.

LAÉRCIO, Diógenes de. *Vidas e Doutrinas dos Filósofos Ilustres,* trad.: Mário da Gama Kury. Brasília: Editora UNB, 1987.

LANGDON, S. "The Legend of the Kiškanu". *Journal of the Royal Asiatic Society of Great Britain & Ireland* (New Series), 60, p. 843-848, 1928.

LÉVINAS, Emmanuel. *Totalidade e Infinito*, trad.: José Pinto Ribeiro. Lisboa: Edições 70, 1988 [1961].

LOMBARDO, Giovanni. *A Estética da Antiguidade Clássica*. Lisboa: Estampa, 2003.

LOPARIK, Zeljko. "É dizível o inconsciente?", *Natureza Humana*, São Paulo, jun. 1999, vol. I, n. 1, p. 323-385.

LORENZ, Francisco Valdomiro. *Bhagavad-Gîtâ. A Mensagem do Mestre*. São Paulo: Pensamento, 1993.

LOURENÇO, Eduardo. *O Labirinto da Saudade: Psicanálise Mítica do Destino Português*. Lisboa: Dom Quixote, 1991 [1978].

LUDMER, Josefina. *The Corpus Delicti*, trad.: Glen S. Close. Pittsburgh: University of Pittsburgh Press, 2004.

MARINHO, Marcelo. "Do regional ao universal: conversações ao pé da árvore com um Pantaneiro", *Manoel de Barros: O Brejo e O Solfejo*. Campo Grande: Letra Livre, 2009.

MARINHO, Marcelo; MELOTTO, Thalita. "Arte, Erotismo e representação do universo: da pintura rupestre a Manoel de Barros", *O Brejo e o Solfejo*, ed.: Marcelo Marinho, Campo Grande, Letra Livre, 2009.

MARTINS, Bosco; DIEGUES, Douglas. "Aos noventa anos Manoel de Barros se considera um songo", *Caros Amigos*, dez. 2006. Disponível em: <http://www.cronopios.com.br/site/artigos.asp?id=2030>.

MAUNOURY, Jean-Louis. *O Riso do Sonâmbulo*, trad.: Serafim Ferreira. Lisboa: Teorema, 2002.

MELO, Bianca Magela. "O poeta e Bernardo", *Brasileiros*, 64, 18 jan. 2013. Disponível em: <http://www.revistabrasileiros.com.br/2013/01/18/o-poeta-e-bernardo/>.

MENDES, Murilo. *Poesia Completa e Prosa*, org.: Luciana Stegagno Picchio. Rio de Janeiro: Nova Aguilar, 1994.

MERLEAU-PONTY, Maurice. *Fenomenologia da Percepção*, trad.: Carlos Moura. São Paulo: Livraria Martins Fontes Editora, 1999 [1945].

MINOIS, Georges. *História do Riso e do Escárnio*, trad.: Maria Helena O. Ortiz Assumpção. São Paulo: UNESP, 2003 [2002].

MOISÉS-PERRONE, Leyla. *Flores da Escrivaninha: Ensaios*. São Paulo: Companhia das Letras, 1990.

MONTAIGNE, Michel de. *Essais - I*. Paris: Garnier Frères, 1962 [1580].

MURRAY, Gilbert. *Five Stages of Greek Religion*. Londres: Watts & Co., 1935.

NANCY, Jean-Luc. *O «Há» da Relação Sexual*, trad.: Pedro Eiras. Vila Nova de Famalicão: Quasi, 2008 [2003].

NETO, Henrique Duarte. "Manoel de Barros: uma poética do ínfimo e do maravilhoso", *Desenredos*, III ano, n. 11, Piauí, out./nov./dez. 2011.

NETO, João Cabral de Melo. *Poesia Completa*, Lisboa, Imprensa Nacional - Casa da Moeda, 1986.

NIETZSCHE, Friedrich. "Cursos de retórica". *Cadernos de Tradução*, São Paulo, USP, n. 4, 1999.

NUNES, Benedito. *O Dorso do Tigre*. São Paulo: Perspectiva, 1969.

ORLANDI, Eni Puccinelli. *As Formas do Silêncio: No Movimento dos Sentidos*. Campinas: UNICAMP, 1993 [1992].

PAES, José Paulo. *Cinco Livros do Modernismo Brasileiro, A Aventura Literária: Ensaios sobre Ficção e Ficções*. São Paulo: Companhia das Letras, 1990 [1988].

PAMUK, Orhan. *O Romancista Ingénuo e O Sentimental*, trad.: Álvaro Manuel Machado, Lisboa, Presença, 2012 [2010].

PAZ, Octavio. *La Llama Doble*, Barcelona, Seix Barral, 1993.

______. *Signos em Rotação*, São Paulo, Editora Perspectiva, 1996 [1965].

PESSOA, Fernando. O Livro das Ignorãças, *Poesia Completa*. Lisboa: Caminho, 2010.

______. *Poemas de Alberto Caeiro*, Lisboa, Ática, 1993 [1946].

______. *Textos Filosóficos*, v. II, ed: António de Pina Coelho, Lisboa, Ática, 1968.

PIAGET, Jean. *A Linguagem e O Pensamento da Criança*, trad.: Manuel Campos. Lisboa: Moraes Editores, 1977 [1956].

PICCHIO-STEGAGNO, Luciana. *História da Literatura Brasileira*. Rio de Janeiro: Nova Aguilar, 1997 [1982].

PIGEAUD, Jackie. *La Maladie de L'âme*, Paris, Les Belles Lettres, 1989.

PÍNDARO. *Odes*, trad.: António de Castro Caeiro. Lisboa: Quetzal, 2010.

PINHEIRO, Carlos. "Surrealismo em Manoel de Barros", *Revista Eletrônica do Instituto de Humanidades*, XXIV, v. VI, Rio de Janeiro, Unigranrio, jan./mar. 2008.

PINHEIRO, José Carlos. *A Unidade Dual: (Manoel de Barros e A Poesia)*, v. 1. Rio de Janeiro: Universidade Federal do Rio de Janeiro, 2006.

PONTES, Maria do Rosário. "A árvore: um arquétipo da verticalidade", *Línguas e Literaturas*, XV, Porto, Faculdade de Letras da Universidade do Porto, 1998.

POPE, Alexander. *Peri Bathous or The Art of Sinking in Poetry*. Londres: One World Classics, 2009 [1727].

RAYMOND, Marcel. *De Baudelaire au Surréalisme*. Paris: José Corti, 1978.

REICH, Aliya Ann. *Marc Chagall and the Negotiation of Identity through Painting, 1911-1914*. Saint Louis, Missouri: Washington University, 2012.

RICHARDS. I. A., *The Philosophy of Rhetoric*. Oxford: Oxford University Press, 1965 [1936].

RODRIGUES, Ricardo Alexandre. *A Poética da Desutilidade*. Rio de Janeiro: Universidade Federal do Rio de Janeiro, 2006.

ROLON, Renata. *Prosa Poética de Manoel de Barros: Lirismo, Mitos e Memórias*. Cuiabá: Instituto da Linguagem da Universidade Federal de Mato Grosso, 2006.

RONAT, Mitsou. "Action poétique", *La Langue Manifeste*, n. 63, 1975.

ROSA, João Guimarães. *Primeiras Histórias*. Rio de Janeiro: Nova Fronteira, 1988 [1962].

SCHILLER, Friedrich. "On the Pathetic", *Essays*, trad.: Daniel O. Dahlstrom. The German Library, 2005 [1793].

______. *Poesía Ingenua y Poesía Sentimental*, trad.: Juan Probst e Raimundo Lida. Buenos Aires: Editorial Nova, 1963 [1796].

SCOTTON, Maria Tereza. "A representação da infância na poesia de Manoel de Barros", Rio de Janeiro, Associação Nacional de Pós-Graduação e Pesquisa em Educação, s/d. Disponível em: <http://www.anped.org.br/reunioes/27/gt07/t075.pdf>

SHAKESPEARE, William. *Hamlet*, ed.: Bernard Lott. Londres: Longman, 1968.

SILVA, Célia Sebastiana. "Manoel de Barros: sem margens com as palavras", *Fragmentos de Cultura*, Goiânia, v. 19, nº 7/8, 2009.

SLOTERDIJK, Peter. *Crítica da Razão Cínica*, trad.: Manuel Resende. Lisboa: Relogio D'Água, 2011 [1983].

SOUSA, Carlos Mendes de. *Clarice Lispector. Figuras de Escrita*. Braga: Centro de Estudos Humanísticos da Universidade do Minho, 2000.

SOUZA, Elton de. "Espinosa, Deleuze & Guattari: o desejo como metamorfose", *Alegrar*, nº 10, dez. 2012. Disponível em: <http://www.alegrar.com.br/revista10/>.

______. *Manoel de Barros: A Poética do Deslimite*. Rio de Janeiro: 7letras, 2010.

SPITZER, Leo. *Lingüística e Historia Literaria*. Madrid: Editorial Gredos, 1968 [1948].

STEINER, George. *As Lições dos Mestres*, trad.: Rui Pires Cabral. Lisboa: Gradiva, 2005 [2004].

STESSUK, Sílvio. *Poéticas do Detrito: Kurt Schwitters e Manoel de Barros*. São Paulo: Portal Literário, 2007.

SUZUKI T. D.; FROMM, Erich. *Budismo Zen y Psicoanalisis*, trad.: Julieta Campos. Buenos Aires: Fondo de Cultura Economica, 1964 [1960].

TORRES, Hugo. "Manoel de Barros agradece prémio da Casa da América Latina com poema inédito", *Público*, 25 mai. 2012. Disponível em: <http://m.publico.pt/Detail/1547358>.

URT, Sonia; DELAMO, Lícia. "«Memórias inventadas»: o sujeito em Manoel de Barros sob o olhar da teoria histórico-cultural", *A Educação no Processo de Constituição de Sujeitos: O Dito nas Produções e O Feito no Cotidiano*, Grupo de Estudos e Pesquisa em Psicologia e Educação, Universidade Federal do Mato Grosso, 2009.

VASCONCELOS, Vânia. "A invenção da linguagem-objeto na poética de Manoel de Barros", *Língua Portuguesa: Ultrapassar Fronteiras, Juntar Culturas*, ed.: Mª João Marçalo & Mª Célia Lima-Hernandes, Elisa Esteves, Mª do Céu Fonseca,

Olga Gonçalves, Ana Luísa Vilela, Ana Alexandra Silva, Universidade de Évora, 2010.

VICENTE, Kyldes Batista. "Manoel de Barros: o poeta dos ex-cêntricos", Centro Universitário Luterano de Palmas, 11/01/2013. Disponível em: <http://ulbra-to.br/encena/2013/01/11/Manoel-de-Barros-o-Poeta-dos-Ex-Centricos>.

VICO, Giambattista. *Ciência Nova*, trad.: Jorge Vaz de Carvalho. Lisboa: Fundação Calouste Gulbenkian, 2005 [1725].

WALTER, Ingo F.; METZGER, Rainer. *Chagall*, s/t. Koln: Taschen GmbH, 2004.

WEATHERBY, Georgie Ann; BULLER, Danielle M.; MCGINNIS, Katelyn."The buller-Mc ginnis model of serial homicidal behavior: an integrated approach", *Jornal of Criminology and Criminal Justice and Education*, III, 1, Scientific Journals Internacional, 2009.

SOBRE A AUTORA

Patrícia Lino (1990) é professora de literatura e cultura luso-brasileiras na UCLA (University of California, Los Angeles). Doutorou-se em literatura brasileira pela University of California, Santa Barbara em 2018. Publicou, expôs e apresentou ensaios, poemas e ilustrações no Brasil, em Portugal, em Espanha, nos Estados Unidos, no México e na Colômbia.

http://www.patricialino.com/

1ª EDIÇÃO [2019]

Esta obra foi composta em Minion Pro e Din sobre papel
Pólen Soft 80 g/m² para a Relicário Edições.